Entdecker
nd ihre
Reisen

WAS IST WAS
BAND 6
Die
Sterne

WAS IST WAS
BAND 7
Das
Wetter

WAS IST WAS
BAND 8
Das
Mikroskop
und was es zeigt

Wilde
Tiere

WAS IST WAS
BAND 14
Versunkene
Städte

WAS IST WAS
BAND 15
Dinosaurier

WAS IST WAS
BAND 16
Planeten und
Raumfahrt

Der
Mond

WAS IST WAS
BAND 22
Die Zeit

WAS IST WAS
BAND 23
Von der Höhle
bis zum
Wolkenkratzer

WAS IST WAS
BAND 24
Elektrizität

Berühmte
Wissenschaftler

WAS IST WAS
BAND 30
Insekten

WAS IST WAS
BAND 31
BÄUME

WAS IST WAS
BAND 32
Meeres-
kunde
W0022141

Ein WAS IST WAS Buch

DIE EISENBAHN

von Hans Reichardt

Jllustrationen von Anne-Lies Jhme
und Gerd Werner

„Puffing Billy", gebaut 1813 in England; Höchstgeschwindigkeit 7 km/st

NEUER TESSLOFF VERLAG · HAMBURG

Vorwort

Als die ersten Dampfloks über gußeiserne Schienen polterten und zischten, warnten Ärzte davor, diese neumodischen Erfindungen zu benutzen. Der menschliche Körper, so glaubten sie, sei dem mörderischen Tempo von 30 oder gar 40 Stundenkilometern nicht gewachsen.

Heute, rund 150 Jahre später, donnern die schnellsten Züge mit 250 Stundenkilometer über die Strecke. Züge mit doppeltem Tempo sind in Vorbereitung.

Trotz Auto und Flugzeug ist die Eisenbahn nicht mehr aus dem heutigen Verkehrsalltag fortzudenken. Im Gegenteil – je mehr Autos die Straßen verstopfen, desto wichtiger wird die schienengebundene und verkehrssichere Bahn. Auf mittleren Entfernungen – auf Strecken also, die zu lang für das Auto und zu kurz für das Flugzeug sind – wird die Eisenbahn noch lange das schnellste, sicherste und billigste Verkehrsmittel bleiben.

Dieser Band DIE EISENBAHN aus der WAS IST WAS-Reihe zeigt, wie im Lauf vieler Jahrhunderte die Idee der schienengebundenen Bahn Gestalt annahm und wie aus ersten Anfängen der Elektro-Gigant von heute wurde. Der Leser erfährt, wie die Gleise erfunden wurden, er erlebt die Jungfernfahrt der ersten Lokomotiven mit und er tut einen Blick in die sonst so streng abgeschirmten Konstruktionsbüros, wo Ingenieure die Lokomotiven von morgen entwerfen.

Und jeder junge Leser wird spüren,was die Erfinder und Verbesserer der Eisenbahn angetrieben hat – das Fernweh, die Lust am Abenteuer und der Reiz, Raum und Zeit technisch zu erobern.

Wir danken der Bundesbahn für das Foto des elektrischen Triebwagens ET 403 (Titelbild) und für viele andere Fotos, die sie uns zur Verfügung stellte.

ISBN 3 – 7886 – 0294/5

INHALT

Nach siegreichem Feldzug kehrt Eannatum, vor 4500 Jahren König des südbabylonischen Stadtstaates Lagasch, mit reicher Beute zurück. Die Wagen des Triumphzuges laufen in steinernen Rillen

Wie aus Furchen Schienen wurden

Warum haben Lokomotiven kein Steuerrad?

Radfahrer, Autofahrer, sogar Astronauten – sie alle können ihre Fahrzeuge lenken, wohin sie wollen. Der Lokomotivführer kann das nicht. Lokomotiven haben kein Steuer. Sie sind „spurgebunden". Denn sie laufen auf Schienen.

Die Schiene wurde bereits im Altertum erfunden. In Assyrien und in Babylonien hatte man schon vor rund 4000 Jahren zwei- oder vierrädrige Karren. Sie waren aber noch nicht lenkbar. Wollte man eine Kurve fahren, mußte der Karren vorn oder hinten hochgehoben und in die neue Richtung umgesetzt werden.

Nach schweren Regenfällen, wenn der Boden weich geworden war, hatten diese Karren manchmal tiefe Spuren in den Boden geprägt; war das Land wieder getrocknet, blieben diese Spuren bestehen – zwei tiefe, genau parallel verlaufende Rillen.

Diese Rillen hatten einen großen Vorteil: Befand der Karren sich erst einmal in ihnen, lief er leichter; bei Kurven brauchte man den Karren nicht mehr umzuheben.

Diese Rillen waren die ersten Vorläufer der Schiene. Bald waren auf den meisten Straßen solche Rillen zu sehen, und wo sie nicht von selber entstanden, wurden sie von Menschen eingegraben.

Wo fand man Schienen aus dem Altertum?

Später, als die Straßen mit Steinen gepflastert wurden, meißelten Steinmetze die Rillen in die Straßen; im alten Griechenland legte man sogar richtige Ausweichstellen an. Heute sind nur noch wenige dieser ersten

Schienen erhalten. Ein ganzes System wurde in den Trümmern von Pompeji entdeckt, einer italienischen Stadt, die 79 n. Chr. bei einem Ausbruch des Vulkans Vesuv zerstört wurde.

Erst etwa 1500 Jahre später, zu Beginn der Neuzeit, kam eine andere Art der Schienenbahn auf: Man befestigte lange, geglättete Baumstämme auf rechtwinklig verlegten Querhölzern. Die Laufflächen der Räder bekamen eine Innenkehlung, so daß sie nicht von den Baumstämmen herunterrutschen konnten. Das war ein großer Fortschritt. Denn auf dem harten Holz rollten die Karren leichter und schneller als in den sandigen oder steinernen Rillen. Diese Baumstämme waren die ersten Schienen der Welt.

Im 16. Jahrhundert begann man in Europa, den Erdboden systematisch nach Bodenschätzen zu durchforschen. Die Technik der Schiene nahm nun einen starken Aufschwung. In den Südkarpaten, wo man nach Gold suchte, in Osteuropa, in Tirol, in England und im Elsaß, wo man Erze und Kohlen förderte, entstanden die ersten Grubenbahnen. Die meisten von ihnen liefen auf Holzschienen, die Karren hatten ausgekehlte Räder. Wenn sich Holz auf Holz dreht, gibt es manchmal ein quietschendes Geräusch; das hört sich an, als wenn ein junger Hund winselt. Der Name „Hund" für die Grubenwagen ist eine noch heute lebendige Erinnerung an jene Zeit.

Silbermine im Elsaß mit Förderwagen auf Eisenrädern und Holzschienen; Holzschnitt 1550

Wann wurde der Zug erfunden?

Etwa zu jener Zeit wurde in Mitteleuropa eine andere Art von Rädern erfunden: Ihre Lauffläche war nicht mehr gekehlt, sondern hatte an der Innenseite einen Spurkranz, der das Fahrzeug sicher auf den Schienen hielt.

Kastenwagen einer Grubenbahn in einem Goldbergwerk in Siebenbürgen; 16. Jahrhundert

Und in jener Zeit kamen auch die ersten Züge auf. Während bisher immer nur je ein Wagen von Menschen, Pferden oder Ochsen gezogen wurde, war der Rollwiderstand nun so gering geworden, daß man mehrere Wagen auf einmal ziehen lassen konnte. Eine Zugkraft und mehrere Wagen – das ist ein Zug. Der Zug ist also eine Erfindung des 16. Jahrhunderts.

Wie transportierten britische Bergleute Erze zum Hafen?

Um Kohle oder Erz vom Bergwerk zu den meist tiefer gelegenen Häfen zu transportieren, hatten die britischen Bergleute sich ein einfaches Prinzip ausgedacht: Im Bergwerk wurden die Wagen vollgeladen, in den letzten Wagen kamen die Pferde. Nun rollte der ganze Zug, der Schwerkraft folgend, bergab dem Hafen entgegen. Unten angekommen, wurden die Wagen entladen, die Pferde wurden vor den leeren Zug gespannt und zogen ihn wieder bergauf. Oben stiegen die Zugtiere ganz von selbst auf den letzten Wagen, das Ganze begann von vorn.

Wie kam es zur Erfindung der Eisenschiene?

Im Jahr 1767 hatte Mr. Darby, Besitzer einer Eisengießerei in Coalbrookdale (England) Sorgen. Der Siebenjährige Krieg und der britisch-französische Kolonialkrieg waren vorbei, niemand wollte Kanonen kaufen, und auf dem Hof der Gießerei stapelte sich das Eisen zu hohen Halden.
Da kam Mr. Reynolds, der Schwiegersohn des Mr. Darby, auf eine Idee. Gegen den anfänglichen Widerstand seines Schwiegervaters ließ er einen Teil der herumliegenden Eisenbarren in je einen Meter lange schmale Platten umgießen. Diese Platten ließ er auf die Holzschwellen der grubeneigenen Bahn nageln. Der Erfolg war sensationell: Ein Pferd konnte auf diesen eisernen Gleisen viel größere Lasten als bisher ziehen, denn der Reibungswiderstand ist auf glattem Metall weit geringer als auf porösem weichem Holz.
Am 13. November 1767 rollte zum erstenmal ein Pferdezug über die Eisenschienen, und dieses Datum gilt als der Geburtstag der Eisenbahn.

Seit wann sind Schienen aus Stahl?

Die gußeisernen Schienen brachen zwar nicht mehr so häufig wie ihre hölzernen Vorgänger, aber sie brachen immer noch zu oft. 1820 gelang es dem Briten John Berkinshaw, Schienen aus Stahl zu walzen. Diese Schienen waren erheblich widerstandsfähiger, und sie waren nicht mehr einen Meter, sondern $4^1/_2$ Meter lang. Damit begann die rasche Entwicklung der Eisenbahn zum Massentransportmittel für Menschen und Güter.
Eisenbahn — dieses Wort bürgerte sich schnell für alle Bahnen mit Eisenschienen ein. Nicht nur in deutscher Sprache; auf französisch heißt Eisenbahn „chemin de fer", auf italienisch „ferrovia", und beides heißt wörtlich „eiserner Weg". Nur die Engländer nahmen in ihrer Sprache von dieser Verbesserung keine Notiz: Eisenbahn heißt auf englisch „railway", also „Schienenweg", was nichts über die Beschaffenheit der Schiene besagt.

Pferdebahn von Linz nach Budweis (Österreich), Anfang d

Jahrhunderts

weiten, so argumentierten sie, machen es dem Feind unmöglich, einfach auf die Eisenbahn des eignen Landes zu steigen und im Kriegsfall per Dampf und Schiene vielleicht gleich bis zur feindlichen Hauptstadt vorzudringen.

Auf welcher Spurweite fährt die Bundesbahn?

Die meisten Staaten haben sich inzwischen auf gemeinsame Spurweiten geeinigt. Fast alle Länder Mitteleuropas haben die 1435-mm-Spur; Spanier und Pakistani fahren auf einer 1676-mm-Bahn, der größten Spurweite der Welt. Die größte Spurweite, die je gebaut wurde, hatte die Great Western Railway in England: 2134 mm. Diese Überweite wurde 1892 abgeschafft. Die kleinste Eisenbahn-Spurweite für den Personen- und Güterverkehr beträgt 381 mm; man findet sie häufig auf Ausstellungen und in Parks. Die kleinste Modelleisenbahn, die wirklich fährt, hat eine Spurweite von vier mm; sie ist das Werk eines Wiener Hobbybastlers.
Die miteinander verschraubten Bun-

Warum gibt es verschiedene Spurweiten?

Nun schossen Eisenbahngesellschaften überall in der Welt wie Pilze aus dem Boden, denn inzwischen war ja auch die Dampflokomotive erfunden worden (siehe folgendes Kapitel). Aber anstatt sich auf eine gemeinsame Spur zu einigen, bauten fast alle Staaten, oft sogar einzelne Provinzen, Bahnen mit eigener „nationaler" Spurweite. Das entsprang einmal dem Ehrgeiz der jeweiligen Ingenieure, die darauf schworen, daß nur die von ihnen gewählte und keine andere Spurweite die beste sei. Und die Generäle der jeweiligen Länder wiederum waren über die Uneinigkeit froh. Verschiedene Spur-

Mini-Eisenbahn in einem Vergnügungspark

desbahn-Gleise sind heute bis 60 m lang; ein Meter Schiene wiegt fast genau einen Zentner. Rund drei Viertel der westdeutschen Gleise bestehen jedoch nicht mehr aus Einzelteilen, sondern sind zusammengeschweißt. Das „Ramm-tamm-tamm“, das man früher hörte, wenn ein Zug von einem Schienenstück auf das andere fuhr, ist weitgehend verstummt. Diese Verschweißtechnik ist jedoch nur in Gegenden ohne extreme Temperaturschwankungen möglich. Denn Schienen dehnen sich wie jedes andere Metall in der Hitze aus, bei Kälte ziehen sie sich zusammen. Verschraubte Schienen haben zwischen den Gleisstücken je einen kleinen Zwischenraum, die sogenannte „Dehnungslücke“ — bei Hitze können sich die Gleise ausdehnen. Geschweißte Gleise haben diese Lücke nicht. Sie sind mit den Schwellen, auf die sie aufgeschraubt sind, so fest in dem Schotter verankert, daß sie sich erst bei Temperaturen über 80 Grad ausdehnen könnten.

Die Gleisteile der verschweißten Schienen sind je 120 m lang. Sie werden von Spezialeisenbahnwagen an die Baustelle herangebracht und dort zusammengeschweißt. Da Stahl sehr biegsam ist, werden auch solche Schienenteile, die für Kurven bestimmt sind, gerade gegossen. Erst beim Verlegen werden sie in der notwendigen Krümmung auf den Schwellen befestigt. Die Schwellen sind aus Beton oder Holz. Für Weichen werden nur Schwellen aus Eiche und Buche verwendet.

Wie werden Schienen verlegt?

Soll eine bereits verlegte Strecke erneuert werden, so tritt ein mehrere hundert Meter langer Spezialzug in Aktion. Er verlegt etwa 250 m Gleis pro Stunde. Auf dem Vorderteil liegen

Umbauzug bei der Arbeit. Dieser 700 m lange Gigant auf Rädern fährt mit dem vorderen Zugteil noch auf den alten, mit dem hinteren Zugteil schon auf den neuen Schienen und Schwellen. In acht Stunden verlegt er ca. 2000 m neue Gleise

Eisenbahnschienen werden als 30-m-Teilstücke gewalzt. Diese werden zu 120 m langen Schienen zusammengeschweißt und an den Ort transportiert, wo sie verlegt werden sollen. Erst dort werden sie endlos zusammengeschweißt

die neuen Schienen und Schwellen. Der Mittelteil des Zuges hebt die alten Schienen und Schwellen auf, reinigt, begradigt und verdichtet dann das Schotterbett und senkt schließlich die neuen Schwellen und Schienen ab. Der hintere Zugteil nimmt die alten Schwellen und Schienen auf. Der Zug fährt also mit seinem vorderen Teil noch auf den alten, mit dem hinteren Teil bereits auf den neuen Gleisen.

Wieviel Menschen fahren mit der Bundesbahn?

Die Streckenlänge der Bundesbahn betrug 1974 etwa 31 000 km; davon sind fast 10 000 Kilometer elektrifiziert. Die Gleislänge — die meisten Strecken sind zwei- oder mehrgleisig — beträgt rund 70 000 Kilometer. Auf diesen Gleisen rollen täglich 20 000 Personen- und 13 000 Güterzüge. In 4364 Bahnhöfen steigen jährlich etwa 1,6 Milliarden Menschen ein und aus. Der Wagenpark der Bundesbahn besteht aus etwa 10 000 Zugmaschinen und Triebwagen; sie schleppen insgesamt rund 18 000 Personenwagen und über 280 000 Güterwagen der Bundesbahn sowie fast 47 000 private Güterwagen hinter sich her.

Wie lang ist das Streckennetz der ganzen Welt?

Bei der Bundesbahn sind 420 000 Personen beschäftigt, nach der Bundespost ist sie der größte Arbeitgeber Europas. Auch der Verbrauch dieser Organisation ist gigantisch: 1973 wurden 679 000 t Kohle, 517 000 t Dieseltreibstoff und 6,0 Millionen Kilowattstunden Strom in Beförderungskilometer umgesetzt. Fast die Hälfte des westdeutschen Güterfernverkehrs wird von der Bundesbahn abgewickelt.

Die Gesamtlänge aller Eisenbahnstrekken der Welt beträgt etwa 1 280 000 Kilometer. Als doppeltes eisernes Band würde das rund 30mal um den Erdball reichen.

Wie die Dampfmaschine Räder bekam

Vor etwa 400 000 Jahren lernte der Mensch, mit dem Feuer zu leben. Er lernte, es am Brennen zu halten und es selber neu zu entzünden. Später lernte er, daß man mit Feuer nicht nur die Höhle erwärmen kann. Mit Feuer kann man kochen, das heißt, Essen zubereiten, und wenn man Wasser über dem Feuer stark erhitzt, verwandelt es sich in Dampf.

Wer baute die erste Dampfturbine?

Der erste Mensch, der Wasserdampf eine Arbeit verrichten ließ, war der griechische Mathematiker und Naturforscher Heron von Alexandrien (etwa 150 bis 100 v. Chr.). Er erfand den Äolsball. Das war eine Hohlkugel, die sich um ihre Horizontalachse drehen konnte. Am „Äquator" dieser Kugel befanden sich zwei L-förmige Auslaßdüsen einander gegenüber. Durch zwei Rohre führte Heron Wasserdampf in die Kugel. Der Dampf trat aus den beiden Düsen aus — durch den Rückstoß begann die Kugel, sich zu drehen. Dieser Äolsball war für Heron wahrscheinlich nur eine wissenschaftliche Spielerei; tatsächlich war es aber die erste Dampfturbine der Welt.

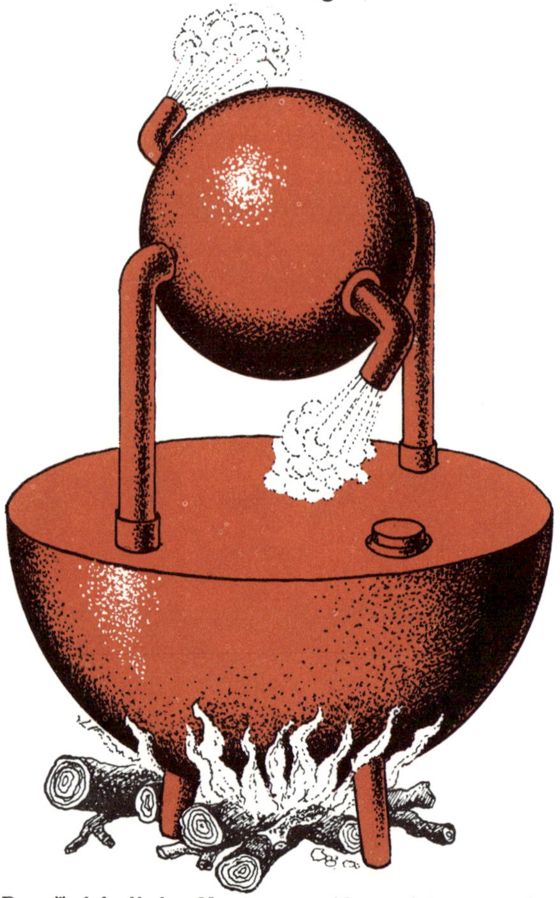

Der Äolsball des Heron von Alexandrien war die erste Dampfturbine der Welt. Nach dem gleichen Prinzip baute der griechische Physiker später einen automatischen Türöffner

Herons Dampfmaschine geriet bald wieder in Vergessenheit. Erst 1000 Jahre später erinnerte man sich wieder daran. In einigen Klöstern des Mittelalters wurden Bratspieße mit ähnlichen Konstruktionen versehen. Unter dem Druck des austretenden Dampfes drehte sich der Spieß mit dem Ochsen langsam um die Längsachse, und der Braten wurde auf allen Seiten gleichmäßig braun.

Wieviel Dampf ergibt ein Liter Wasser?

Erst im 17. Jahrhundert begann man wieder, sich zu überlegen, wie die Dampfkraft sinnvoll verwendet werden könnte. 1685 schrieb der britische Hofmechaniker Sir Samuel Morland seinem Herrn, König Charles II., einen Bericht. Darin wies der Physikus auf drei Eigenarten des Dampfes hin: Kochendes Wasser verwandelt sich in Dampf; ein Liter Wasser ergibt 1700 Liter Dampf. Zweitens: Dieser Wasserdampf ist ungeheuer stark. „Eher sprengt er ein Geschütz", schrieb Morland, „als daß er (der Dampf) sich der Gefangenschaft aussetzt. Wird er aber gesteuert, trägt er seine Last friedlich wie ein braves Pferd und kann so für die Menschheit von großem Nutzen sein." Und schließlich hatte Morland noch etwas

Mit diesem Maschinchen begann die technische Revolution: In der selbst gebastelten Dampfmaschine des Franzosen Denis Papin wurde zum erstenmal der Wasserdampf benutzt, um einen Kolben zu heben

festgestellt: Abkühlender Dampf verwandelt sich in Wasser zurück, er kondensiert. In geschlossenen Behältern erzeugt diese Kondensation einen Unterdruck.
Sir Samuel begnügte sich mit diesen theoretischen Überlegungen. Seine Erkenntnisse in die Praxis umzusetzen — daran dachte er nicht.

Wer baute die erste Dampfmaschine?

13 Jahre später, 1698, ächzte und quietschte in England die erste Dampfmaschine der Welt. Sie war von dem britischen Waffentechniker Thomas Savory gebaut worden und wurde benutzt, um sickerndes Grubenwasser aus den Stollen eines Bergwerks herauszupumpen.
Dieser „Freund des Bergmannes", wie die Maschine genannt wurde, bestand im wesentlichen aus einem großen Faß, das mit Dampf gefüllt und dann mit kaltem Wasser abgesprüht wurde. Der Dampf kondensierte, im Faß entstand ein Unterdruck. Das Vakuum sog nun durch ein Rohrsystem das Sickerwasser aus der Grube und in das Faß hinein. Dann wurde das Saugrohr durch einen Hahn geschlossen, das Wasser konnte also nicht zurücklaufen; ein anderer Hahn wurde geöffnet, das Wasser floß ab. Und dann begann das Ganze von neuem. Fünfmal pro Minute wurde diese Prozedur durchgeführt, und jedesmal kamen etwa 10 bis 20 Liter Sickerwasser ans Tageslicht. Das war mühselig, aber wirkungsvoll.
Etwa zur gleichen Zeit baute der Franzose Denis Papin (1647–1712) seine Dampfkraftmaschine, in der zum erstenmal das Vakuum zum Bewegen eines Kolbens benutzt wurde.
Papins Maschine bestand aus einem senkrecht stehenden Rohr von etwa sechs Zentimetern Durchmesser. In das Rohr war luftdicht ein Kolben eingepaßt, auf dem dünnen Boden des Rohrs stand etwas Wasser. Dieses Wasser wurde zum Kochen gebracht. Es verwandelte sich in Dampf und drückte den Kolben nach oben. Dort hielt Papin ihn mit einem Haken fest, bis der Dampf sich abgekühlt hatte und kondensierte. Papin löste den Haken, der Unterdruck sog den Kolben wieder nach unten.

Solche „Feuermaschinen" pumpten vor 200 Jahren das Sickerwasser aus britischen Bergwerken

1712 erfand der englische Metallwarenhändler Thomas Newcomen eine weitere Verbesserung: Jetzt war die aus dem Rohr herausragende Kolbenstange mit einem Ende eines dicken hölzernen Querbalkens verbunden. Dieser war in der Mitte gelagert und an seinem anderen Ende durch ein Hebelwerk mit einer Pumpe tief unten im Bergwerksstollen verbunden. Jedesmal, wenn der Kolben sich im Rohr auf- und abwärts bewegte, wurde diese Bewegung auf die Pumpe übertragen und Wasser aus dem Stollen herausgepumpt.

Wie arbeitete die „Feuermaschine"?

Newcomens Erfindung wurde als großer Fortschritt gefeiert; 50 Jahre später arbeiteten weit über 100 „Feuermaschinen" (so wurden sie genannt) in den britischen Gruben. Sie verbrauchten zwar sehr viel Kohle, aber sie machten den Bergleuten die Arbeit leichter.
Die Feuermaschinen regten den jungen schottischen Feinmechaniker James Watt (1736—1819) zum Nachdenken

an: Warum verbrauchen Newcomens Maschinen so viel Kohle? Die Antwort auf diese Frage hatte er bald gefunden: Die meiste Energie geht bei dem dauernden Erhitzen, Abkühlen und Wiedererhitzen des Rohres verloren. Man müßte also . . .

Woraus bestand James Watts erste Dampfmaschine?

James Watt besorgte sich eine alte Arztspritze aus Messing, 25 cm lang, vier cm im Durchmesser, und baute ein Modell. Er isolierte die Zylinderwände so, daß die Hitze erhalten blieb. Den Zylinder verband er mit einem Kondensator, also einem geschlossenen Raum, der gleichbleibend kühl war. Am oberen Kolbenende befestigte Watt ein Neun-Kilo-Gewicht. Nun machte er unter einem separaten Wasserkessel Feuer, leitete den Dampf in den Zylinder, und — tatsächlich — das Maschinchen funktionierte: Der Dampf hob den Kolben, entwich dann in den Kondensator, kondensierte dort, der Unterdruck wirkte in den Zylinder zurück, der Kolben ging wieder nach unten. Dabei wurde das Gewicht auf und ab bewegt — Watts Dampfmaschinen-Modell hatte seine Bewährungsprobe bestanden.

Außer dem gesonderten Kondensationsraum hatte diese Maschine einen weiteren Vorteil: Durch ein raffiniertes Schiebersystem wurde der Dampf einmal über, das nächste Mal unter dem Kolben in den Zylinder gebracht. Das heißt: Beim Herunter- u n d beim Heraufgehen wurde der Kolben vom Vakuum angesogen und vom Dampf bewegt. Watts Maschine entwickelte also doppelte Kraft.

Weil er nicht genügend Geld hatte, tat Watt sich mit dem reichen Spielwarenhändler Matthew Boulton zusammen und gründete 1775 mit ihm eine Firma zum Bau seiner Maschinen. Der Erfolg war groß, die Maschinen gingen reißend weg. Denn die Watt-Maschinen waren tatsächlich besser als die von Newcomen. 1781 wurden in einer Grube in Cornwall (England) sieben Newcomen-Maschinen durch fünf Watt-Maschinen mit gleicher Gesamtleistung ersetzt. Die Newcomens hatten pro Jahr 19 000 t Kohle verbraucht, die Watts dagegen schluckten im gleichen Zeitraum nur 6100 t.

Seine erste Dampfmaschine bastelte Watt aus der Injektionsspritze eines Arztes. Seine späteren großen Maschinen waren doppelt so stark wie alle früheren Modelle, sie verbrauchten aber nur halb soviel Kohle

Der erste Dampfwagen der Welt, 1769 erbaut von Nicolas Cugnot in Paris

Wer baute den ersten Dampfwagen?

Alle Watt-Maschinen waren stationär, das heißt, sie waren fest mit dem Boden verbunden. Auf die Idee, eine seiner Maschinen zum Antrieb eines Fahrzeuges zu benutzen, kam Watt nicht. Dabei war diese Idee nicht einmal neu: Schon 1769 hatte der französische Armeeingenieur Nicolas Cugnot im Auftrag des Kriegsministeriums ein Fahrzeug entwickelt, das von einer Art Dampfmaschine angetrieben wurde. Dieser erste Dampf-Straßenwagen der Welt wurde gebaut, um schwere Geschütze zu ziehen.

Cugnots Fahrzeug war ein plumpes Ungeheuer. Vorn hing ein riesiger, kochtopfähnlicher Kessel, der zwei Zylinder mit Dampf belieferte. Ein kompliziertes System von Kurbeln und Zahnrädern übertrug die Kraft aus den Zylindern auf ein einziges Vorderrad, an dem der Kessel befestigt war. Von diesem Ungetüm wurden zwei Exemplare gebaut. Beide enttäuschten aber die Erwartungen. Sie wurden wieder aus dem Verkehr gezogen und vergessen.

Wie schnell war Trevithicks erste Lok?

33 Jahre später war es dann soweit: 1802 rollte auf der Straße von Plymouth nach Redruth unter Donnergetöse der Urgroßvater aller heutigen Dampflokomotiven daher. Diese Maschine, die noch nicht auf Schienen fuhr, erreichte eine Stundengeschwindigkeit von 13 Kilometern.

Der Konstrukteur dieser Straßenlokomotive war der Brite Richard Trevithick, Ingenieur in den Dingdong-Gruben in Cornwall. Trevithick war von frühester Jugend an ein Dampf-Narr. Er hatte sich mit dem ehemaligen Watt-Lehrling William Murdock zusammengetan. Trevithick baute die Maschine, Murdock erfand ein neues Steuersystem, das den Dampf zur jeweils richtigen Zeit in den Zylinder leitete. Auch Trevithicks Maschine war doppelt wirkend, der Dampf drückte also abwechselnd auf beide Seiten des Kolbens. Außerdem verwendete Trevithick zum erstenmal hochgespannten Dampf, das heißt, er ließ den Dampf seine Arbeit unter hohem Druck leisten.

Das trug ihm die Kritik von James Watt und fast allen anderen Ingenieuren der damaligen Zeit ein. Hochgespannter Dampf sei verbrecherischer Leichtsinn, schimpften die Anhänger der alten Niederdruckmaschinen, die Zylinderwände würden diese Drücke nicht aushalten und könnten jeden Augenblick in die Luft fliegen. Mit einem Wort: Was Trevithick da gebaut habe, sei lebensgefährlich.

Wie wurden die ersten Lokomotiven genannt?

Aber Trevithicks Maschinen flogen nicht in die Luft. Sie waren kleiner als die Wattschen Riesen, sie waren leichter zu bedienen und vor allem bedeutend leistungsfähiger. Watts große plumpe Niederdruckmaschinen hatten ausgedient.
Um die breite Öffentlichkeit auf seine Maschinen aufmerksam zu machen, transportierte Trevithick einen Straßendampfwagen auf einem Pferdewagen nach London und führte ihn dort öffentlich vor. Aber das Publikum zeigte keine Begeisterung. Im Gegenteil – viele hatten vor den Dampfwagen abergläubische Furcht. Die Maschinen wurden „Eiserne Teufel" genannt, und der Kutscher, der Trevithicks Maschine nach London brachte, soll das Ding tatsächlich für den leibhaftigen Teufel gehalten haben.

Wer gilt als „Vater der Lokomotive"?

Trevithick und Watt haben trotz vieler Widerstände mit ihren Dampfmaschinen die bereits begonnene Industrialisierung der europäischen Wirtschaft beschleunigt vorangetrieben. Und Trevithick gilt heute als „Vater der Lokomotive".
Zwei Jahre nach der ersten Dampflok, genau am 21. Februar 1804, hatte dann die erste wirkliche Dampf-Eisenbahn ihre Premiere: Trevithick hatte sie für die Kohlenbahn eines Bergwerkes bei Merthyr-Tydfil (Südwales) gebaut. Diese Eisenbahn verdankt ihre Existenz einer Wette. Der Bergwerksbesitzer hatte sich mit einem Nachbarn darüber gestritten, ob einer von diesen neumodischen Dampfwagen – wenn man ihn auf Schienen setzen würde – zehn Tonnen Eisen über die 15,7 km lange Strekke seiner Grubenbahn ziehen könnte. Die Herren wetteten um 525 Pfund Sterling in Gold, damals eine ungeheure Summe.

Wann fuhr der erste Zug mit Passagieren?

Trevithick erhielt den Auftrag, eine geeignete Maschine zu bauen, und an jenem 21. Februar ging es los: Unter ungeheurem Jubel der Zuschauer – Grubenarbeiter und Neugierige – bewältigte die Maschine nebst beladenen Anhängern die Strecke in vier Stunden und fünf Minuten. Dieser Zug war auch der erste, auf dem Passagiere mitfuhren. Aus Spaß waren 70 Grubenarbeiter erst ein Stück neben dem Zug hergegangen, dann waren sie auf einen Wagen aufgesprungen — die ersten Eisenbahnfahrgäste der Welt.
Für diese Fahrt brauchte die Maschine 101,6 kg Kohle. Die Gleise bestanden aus eisernen Schienen, die auf Steinen verlegt waren. Die Gleise waren allerdings dem Gewicht der Lokomotive nicht gewachsen. Sie zerbrachen an mehreren Stellen.
Trevithicks erste Schienenlokomotive, die erste der Welt also, ist nicht erhalten geblieben. Dennoch weiß man heute genau, wie sie aussah: Im wesentlichen war sie nur eine Dampfmaschine auf Rädern. Sie hatte einen Zylinder, der Kessel wurde von innen beheizt. Die Kolbenstange trat hinten heraus und wirkte über einen Kreuzkopf auf

◀ *Trevithicks erste Lokomotive, gebaut 1804. Dieses Foto zeigt ein Modell, das Original blieb nicht erhalten*

Für einen Schilling durften Unerschrockene 1808 in London ein paar Kreisbahn-Runden mit der „Catch me" fahren ▶

zwei parallel laufende Gleitschienen. Diese drehten über eine Kurbel ein ungeheures Schwungrad, das seine Kraft an die vier Räder weitergab.

In den nächsten Jahren baute Trevithick noch mehrere Grubenbahnen, aber allen Fahrzeugen blieb der durchschlagende Erfolg versagt.

Warum baute Trevithick seine „Catch me"?

1808 versuchte Trevithick noch einmal, das Glück zu wenden und eine breite Öffentlichkeit für seine Idee zu begeistern. Er baute seine berühmte „Catch me who can" (Fang mich, wer kann). Diese Maschine hatte einen stehenden Zylinder, das große Schwungrad war verschwunden. An die Lokomotive war ein offener Kutschwagen angehängt. Die „Catch me" lief auf einer Kreisbahn in London. Ein hoher Zaun schützte die Anlage vor den Blicken Unbefugter. Wer einen Schilling Eintritt zahlte und Mut hatte, durfte ein paar Runden mit dem einzigen Wagen des Zuges fahren. Das Ganze war zwar eine Art Zirkus, aber immerhin — es war die erste, nur für Passagiere gebaute Dampfeisenbahn der Welt.
Auch die „Catch me who can" hatte nicht den erhofften Erfolg. Die Zeitungen berichteten kaum von ihr, und wenn, dann nur in verächtlichem Ton. Ein Unfall, zum Glück ohne Verletzte, besiegelte schließlich das Schicksal der ersten Personen-Dampfeisenbahn der Welt. Trevithick war wieder einmal pleite, er konte den Schaden, der an der Lokomotive entstanden war, nicht beheben. Kurzerhand ließ er die ganze Anlage abbrechen und verschrotten.
Der Vater der Lokomotive, ein genialer Erfinder, starb 1833 in England — arm und verlassen.

Wie die Lokomotive das Laufen lernte

Schnitt durch den „Drachen", Baujahr 1848: Die Verbrennungsgase werden aus der Feuerbüchse (A) in Rohren (B) durch das Wasser (rot) zu Rauchkammer (C) und Schornstein (D) geführt. Das Wasser kocht. Der Dampf (rosa) strömt durch Dampfdom (E), Dampfleitung (F) und linken Einlaßkanal (G) in den Zylinder (H). Der Kolben (I) wird nach rechts gedrückt, dabei entweicht der Dampf des vorigen Schubs durch rechten Einlaßkanal (J) und Auslaßkanal (K). Über Pleuelstange (L), Kuppelstange (M) und Drehbewegung der Räder (N) schließen Schieberstange (O) und Schieber (P) den linken Einlaßkanal und geben den rechten frei, durch den nun neuer Dampf in den Zylinder strömt

Wann fuhr die erste öffentliche Eisenbahn?

Die erste öffentliche Eisenbahn der Welt war eine Pferdebahn, deren Räder auf Eisenschienen liefen. Sie führte von Wandsworth (England) nach Croydon; auf der zweigleisigen Strecke wurde nur Frachtgut befördert. Diese Bahn wurde am 21. Mai 1801 vom britischen Parlament genehmigt und fuhr erstmals am 26. Juni 1803.
Drei Jahre später wurde die erste Passagiereisenbahn in Betrieb genommen. Die „Oystermouth Railway" führte von Swansea in Südwales an der Küste entlang. Es gab keine Züge, sondern nur einzelne Wagen, die von je zwei Pferden gezogen wurden. Diese Strecke wurde erst 1877 auf Dampf umgestellt. Vereinzelt wurden nun auch auf dem europäischen Festland und in den USA Pferdeeisenbahnen gebaut. Aber noch war niemand bereit, die Dampflokomotiven des unglücklichen Trevithick auf den Schienen einer Pferdebahn auszuprobieren. Erst der große Erfinder George Stephenson konnte dem Gedanken, Menschen und Material auf eisernen Schienen und mit Dampfkraft zu befördern, zum Durchbruch verhelfen. Stephenson wurde 1781 als Sohn einer Bergmannsfamilie in Wylam (England) geboren. Wie damals in armen Familien üblich, ging der kleine George nicht zur Schule, sondern arbeitete in der Zeche. Er war erst Kohlensortierer, später Pferdekutscher unter Tage. Mit 19 Jahren konnte er weder lesen noch schreiben.

Wie hieß Stevensons erste Lokomotive?

Von frühester Kindheit an hat Stevenson sich lebhaft für Dampfmaschinen interessiert; wo immer er konnte, bastelte er an ihnen herum. 1812 wurde er Maschinenbauer, ein Jahr später Ingenieur. 1814 baute er die erste seiner „Lokomotiv-Maschinen", wie sie damals hießen, die „Mylord". Sie wog fünf Tonnen und konnte acht beladene Waggons im Gesamtgewicht von 30 Tonnen über die Schienen des Killingworth-Bergwerkes ziehen, für die Stevenson sie gebaut hatte.
Mit dieser Maschine hatte der junge Ingenieur einen heftigen Streit zwischen den Fachleuten entschieden. Viele Techniker glaubten damals, daß die Reibung der Räder auf der Metall-Schiene nicht ausreichen würde, daß

die Räder der Lokomotive also bei schweren Zügen durchdrehen würden wie Autoreifen auf Glatteis. Tatsächlich waren die ersten Lokomotiven so leicht, daß es damit Schwierigkeiten gegeben haben muß. Man versuchte es mit Zahnrädern, mit rauhen Laufflächen der Räder und sogar mit merkwürdigen Gestellen am hinteren Ende der Lokomotive, die sie vorwärts schieben sollten. George Stephensons Lokomotive indes war — ebenso wie alle ihre Nachfolger bis auf den heutigen Tag — schwer genug, um den Zug zu ziehen. Damit hatten die glatten Räder gesiegt.

Wann fuhr der erste fahrplanmäßige Dampfzug?

Nach zwölf weiteren Lokomotiven baute Stephenson 1825 seine „Locomotion". Bei dieser Maschine waren zum erstenmal die Vorder- und Hinterräder durch eine Stange verbunden; die Räder konnten beim Anfahren nicht mehr einzeln durchdrehen. Das war eine der vielen Neuerungen, die dem Genie Stephenson zu verdanken sind.

Die „Locomotion" hat aber noch eine andere, eine historische Bedeutung: Am 27. September 1825 zog sie den ersten öffentlichen, fahrplanmäßigen Personen-Dampfzug der Welt. Er fuhr von der Kohlenstadt Darlington zur Hafenstadt Stockton. Für die 20 Kilometer brauchte er drei Stunden. Obwohl 600 Passagiere mitfuhren, hatte der Zug nur ein einziges Personenabteil, in dem Ehrengäste und andere offizielle Persönlichkeiten saßen. Die große Menge der Mitfahrer und ein kräftig musizierendes Orchester machten es sich auf den Kohlenwagen bequem, die vor und hinter den Personenwagen gekoppelt waren. Als ein Soldat, mit der britischen Fahne vor dem Zug einherreitend, um 15.45 Uhr in Stockton eintraf, warteten dort 40 000 Zuschauer. Sie winkten begeistert und riefen „Hurra", die Kirchenglocken läuteten, Kanonen schossen Salut. „An diesem Abend", so berichtete Stevenson später, „gab es niemanden in Stockton, der nüchtern gewesen wäre — ich eingeschlossen."

Warum warnten Ärzte vor der Eisenbahn?

Aber die Zweifler waren noch nicht verstummt. Die Lokomotive gehöre auf die Straße, sagten die einen; Ärzte warnten vor den hohen Geschwindigkeiten der Eisenbahnen, die kein Mensch schadlos überstehen könne.

Vorbei an jubelnden Menschen fuhr 1825 von Stockton nach Darlington (England) der erste Personenzug

Stephensons „Rocket" (Rakete) gewann das Rennen

Die „Novelty" (Neuigkeit) explodierte

Die „Sans Pareil" (Ohnegleichen) wurde Zweite

Die Dampflokomotive auf der Strecke Darlington—Stockton blieb lange Zeit die Ausnahme. Zwischen den Dampfzügen fuhren immer wieder Pferdewagen, da die meisten Leute noch zu große Angst vor den feuerspeienden, rasselnden Ungetümen hatten. Und die seriöse Londoner Zeitung „Quarterly Review" schrieb noch im März 1825: „Was kann so absurd, so lächerlich sein wie die propagierte Aussicht, Lokomotiven zu bauen, die doppelt so schnell wie Postkutschen fahren? Ebensogut könnten sich Leute mit einer Rakete abfeuern lassen, als sich der Gnade einer solchen Maschine anzuvertrauen."
Dieses Mißtrauen, so komisch es uns heute vorkommt, ist verständlich. Denn solange es Menschen gab, hatte sich nie einer schneller bewegen können, als ein Pferd laufen kann. Damals predigte ein Geistlicher: „Wenn Gott gewollt hätte, daß wir uns mit der Geschwindigkeit einer Eisenbahn fortbewegen können, hätte er uns Räder gegeben."
Stephenson verband sich mit einer Firma, die, allen Widerständen zum Trotz, die Eisenbahnlinie Liverpool—Manchester bauen wollte. Um herauszufinden, welches die beste Maschine sei — denn inzwischen hatten mehrere Ingenieure und Fabriken begonnen, Lokomotiven zu bauen —, wurde ein Wettrennen ausgeschrieben. Jede Maschine mußte eine 2,5 Kilometer lange Strecke in Rainhill (England) zwanzigmal hin und her fahren; dabei mußte sie einen mit Steinen beladenen Wagen ziehen, der dreimal so schwer war wie die Lokomotive selbst.

Wer gewann das Lok-Rennen von Rainhill?

Zu diesem Rennen waren fünf Lokomotiven gemeldet worden, eine davon wurde nicht durch Dampf angetrieben, sondern von einem Pferd gezogen, das unsichtbar im Inne-

1.-Klasse-Personenzug (oben) und 2.-Klasse-Personenzug (unten) der Eisenbahn Manchester—Liverpool

ren des Apparates lief. Zu dem Rennen am 6. Oktober 1829 waren zehntausend Zuschauer erschienen. Nach dem Startschuß schien zuerst eine Lokomotive namens „Novelty" (Neuheit) das Rennen zu machen. Sie dampfte mit 45 Stundenkilometern davon, allerdings noch ohne den schweren Anhänger. Als ihr auf der zweiten Fahrt der Waggon angehängt wurde, gab es einen Knall – die „Novelty" explodierte. Zum Glück wurde niemand verletzt. Eine andere Maschine war schon vor dem Start ausgefallen: Der Pferdewagen, der sie an den Startplatz bingen sollte, kippte um. Sieger wurde schließlich die „Rocket" (Rakete) von Stephenson. Sie hatte zwei bedeutende Neuerungen: Anstelle eines komplizierten Systems von Kurbeln und Zahnrädern waren die Pleuelstangen durch Bolzen direkt mit den vorderen Antriebsrädern verbunden. Und der horizontale Kessel war mit einem Netzwerk von 25 Messingröhren durchzogen. Dadurch wurde das Wasser schneller erhitzt, es wurde mehr Dampf erzeugt, die Leistung war größer. Diese Maschine hatte Stephenson mit seinem Sohn Robert gebaut. Vater und Sohn kassierten die 500 Pfund Siegesprämie und den Auftrag, weitere Maschinen für die Strecke zu bauen.

Die Eisenbahnlinie Liverpool–Manchester wurde am 15. September 1830 feierlich eröffnet.

Wieviel kostete Deutschlands erste Lokomotive?

Etwa ab 1825 wurden überall in Europa Eisenbahngesellschaften gegründet und Gleise verlegt. Schon 1833 wurde jedes Stück Kohle, das in England gefördert wurde, mit der Dampfeisenbahn transportiert. Ende 1835 gab es auf der Insel bereits 720 km Gleise mit Dampfbetrieb.
Zur gleichen Zeit, am 7. Dezember 1835, wurde die erste deutsche Dampfstrecke von Nürnberg nach Fürth eröffnet. Diese Bahn gehörte einer privaten Aktiengesellschaft, der bayerische Staat hatte zu dem Aktienkapital von 180 000 Gulden ganze 200 Gulden beigesteuert.
Die Lokomotive, die die 200 Premierengäste mit einer mittleren Geschwindigkeit von 24 km/h von Nürnberg nach Fürth beförderte, war der „Adler", eine Maschine aus Stevensons Fabrik in Newcastle. Auch Lokomotivführer Wilson war eine Leihgabe aus England.
Der „Adler" leistete 41 PS, kostete 850 englische Pfund (17 000 Goldmark) und wog mit Tender etwa 7500 kg.

„Der Adler", erbaut von Robert Stevenson, eröffnete 1835 die erste deutsche Dampfstrecke von Nürnberg nach Fürth. Das Original wurde verschrottet. Die beiden Bierfässer auf dem „Adler"-Nachbau im Verkehrsmuseum Nürnberg waren das erste Frachtgut auf einer deutschen Eisenbahn

Die Strecke wurde bis 1856 auch noch mit Pferden betrieben. Im ersten Betriebsjahr kamen auf 2364 Dampffahrten noch 6100 Pferdefahrten.
Auch die beiden nächsten deutschen Dampfeisenbahnen waren private Gründungen: 1837 Leipzig—Dresden und 1838 Berlin—Potsdam. Die Strecke Nürnberg—Fürth wurde am 1. November 1922 stillgelegt; diese beiden neuen Strecken aber wurden zu Teilen eines späteren, das ganze Land überziehenden Eisenbahnnetzes. Die Entfernung von Nürnberg nach Fürth betrug etwa 7,5 km, von Leipzig nach Dresden waren es immerhin schon über 120 km.

Wo fuhr die erste deutsche Staatsbahn?

Am 1. Dezember 1838 wurde schließlich auf der Strecke von Braunschweig nach Wolfenbüttel die erste staatliche Eisenbahn eröffnet. Damit hatte die Dampflokomotive sich auch in Deutschland durchgesetzt.
Zehn Jahre nach Nürnberg—Fürth betrug die Länge der Schienenstränge in Deutschland 2131 km; 1865 waren es — vor allem auf Grund privater Initiative — bereits 13 821 km.
Inzwischen hatte sich in Europa und USA die industrielle Revolution vollzogen. Aus kleinen Werkstätten wurden Fabriken; die Rohprodukte für die Fertigung und die Kohle für die Maschinen mußten heran- und das fertige Produkt mußte abtransportiert werden.
Hier kam die Eisenbahn gerade recht. Mehr noch als für den Transport von Menschen wurde sie als Massentransportmittel für den Güterverkehr von entscheidender Bedeutung. Denn sie hatte vor den bislang bekannten Transportmitteln drei ungeheure Vorteile:
- *Die Eisenbahn war wirtschaftlicher.*

Die Reibung zwischen Rad und Schiene ist gering, man braucht also verhältnismäßig wenig Kraft, um einen Eisenbahnzug voranzubringen. Ein Lok-Führer und ein Heizer können einen ganzen Güterzug fahren, während auf der Straße jeder Wagen einen eigenen Kutscher braucht. Bei der Pferdebahn kostete der Transport einer Tonne Kohle noch 48 Pfennig pro Kilometer; bei der

Dampfeisenbahn sank dieser Preis auf 9,6 Pfennige.

- *Die Eisenbahn war schneller.* Private und geschäftliche Reisen waren nun nicht mehr eine solche Strapaze wie mit der Postkutsche; menschliche und geschäftliche Kontakte wurden enger.
- *Die Eisenbahn war zuverlässiger.* Pferdewagen waren weitgehend vom Wetter und vom Zustand der Straßen abhängig. Pferde ermüdeten schnell, die hölzernen Wagen und Räder brachen leicht. Das alles traf für die Eisenbahn nicht mehr zu; wer mit der Eisenbahn verreiste, wußte, daß er sein Ziel pünktlich erreichen würde.

Seit wann gibt es die Strecke von Hamburg nach München?

Auch in den anderen europäischen Ländern wurden viele neue Strecken eröffnet. Den ersten Zusammenschluß einer deutschen mit einer ausländischen Strecke stellte 1843 die „Rheinische Eisenbahngesellschaft" her, als ihre Gleise in Herbesthal mit einer belgischen Linie zusammentrafen. Aber erst acht Jahre später wurden bei Hof die bayerische „Ludwigsbahn" mit der sächsischen Staatsbahn verschraubt. Nun erst konnten die Nürnberger mit der Dampfeisenbahn nach Dresden und die Hamburger nach München fahren.
Nachdem sich 1864, 1866 und 1870/71 gezeigt hatte, wie wichtig Eisenbahnen auch im Krieg sind, begann das Deutsche Kaiserreich, sich um eine einheitliche großräumige Planung der Eisenbahn zu kümmern. Nach und nach wurden die meisten Privatbahnen verstaatlicht, die Strecken wurden in neun „Länderbahnen" zusammengefaßt.
Nach dem Ersten Weltkrieg 1919 bestimmte der Versailler Vertrag, daß es „Aufgabe des Reiches" sei, die „dem gemeinen Verkehr dienenden Eisenbahnen in sein Eigentum zu übernehmen und als einheitliche Verkehrsanstalt zu verwalten". Die Reichsregierung kaufte den Ländern ihre Bahnen für den Preis von 30 Milliarden Reichsmark ab — die „Reichsbahn" war geschaffen.
Nach dem Zweiten Weltkrieg und nach der Teilung Deutschlands wurde die Reichsbahn wieder aufgelöst. Am 7. September 1949 wurde sie im Gebiet der heutigen Bundesrepublik in „Deutsche Bundesbahn" mit dem Hauptsitz in Frankfurt umbenannt, in der DDR konstituierte sich die „Deutsche Reichsbahn" unter ihrem früheren Namen mit Sitz in Berlin.

Deutsche Dampflok um die Jahrhundertwende. Diese Mehrzweckmaschine wurde als Rangier-, Güter- und Kleinbahnlokomotive eingesetzt

Schnellzuglokomotive vom Typ 10, die letzte von der Bundesbahn entwickelte Dampflok. Sie war von 1958 bis 1968 im Einsatz, wurde mit Öl befeuert und lief bei 2500 PS 140 km/st

Die Bauarbeiter der amerikanischen Küste-zu-Küste-Eisenbahn mußten nicht nur mit der Spitzhacke, sondern auch mit dem Revolver umgehen können. Indianerüberfälle gehörten fast zum täglichen Brot

Wie die Bahn einen Kontinent eroberte

Welcher Staat verdankt seinen Aufschwung der Bahn?

Die Eisenbahn hat in der ganzen Welt vieles verändert; aber zweifellos haben sich diese Veränderungen nirgends so einschneidend ausgewirkt wie in den USA. Als der „Adler" in Deutschland zum erstenmal auf die Strecke ging, waren in den Nordstaaten bereits 1500 Kilometer Dampfbahnlinie in Betrieb.

Das erste Schiff, das europäische Kolonisten nach Amerika brachte, war die berühmte „Mayflower" (1620). Sie landete natürlich auf der Ostseite des Doppelkontinents. Hier entstanden als Kern der späteren USA die 13 „neuenglischen" Staaten. 1850 gab es an der Ostküste 15 000 Kilometer Eisenbahn (in Deutschland 6000); zehn Jahre später existierten bereits die Großstädte New York, Philadelphia und Boston mit ihren Industriegebieten. An der ganzen Ostküste herrschte reger Bahnverkehr.

Der Westen der USA dagegen war fast noch unbesiedelt. Nur an der Küste des Pazifiks gab es vereinzelte Ortschaften; wo sie entstanden, hing weitgehend davon ab, wo wieder einmal eine Gold- oder Silberader entdeckt worden war.

Wie kamen Amerikaner von Küste zu Küste?

Wer von der Ost- zur Westküste reisen wollte, mußte entweder den langen beschwerlichen Seeweg um Kap Horn wählen (den Panamakanal gab es damals noch nicht), oder er mußte sich einzeln oder im Treck auf dem Landweg durchschlagen. Das war eine

gefährliche Sache. Was hinter den Flüssen Mississippi und Missouri kam, wußte keiner so recht; nur Fallensteller, Trapper und Jäger hatten sich in die Wildnis zu den Indianern vorgewagt.
Um eine schnelle und sichere Verbindung zwischen den beiden Küsten herzustellen, beschloß der Kongreß in Washington 1862 den Bau einer 2480 km langen Eisenbahnlinie von Omaha am Missouri nach Sacramento am Pazifik. Omaha war der Endpunkt einer von der Ostküste kommenden Eisenbahnlinie. Zwei Eisenbahngesellschaften, die Central Pacific in Sacramento und die Union Pacific in Omaha, erhielten die Erlaubnis, diese Bahn von West nach Ost bzw. von Ost nach West voranzutreiben. Beide Gesellschaften sollten ihren Anteil bis spätestens 1876 fertiggestellt haben. In Odgen, einem kleinen Ort am Großen Salzsee, sollten sich die Bautrupps aus beiden Richtungen vereinigen. Wer Odgen zuerst erreichte, sollte eine Prämie bekommen. Beide Gesellschaften erhielten außerdem einen hohen Zuschuß; das Land, auf dem sie die Gleise verlegten, ging in ihr Eigentum über.

Was schwor Häuptling „Langsamer Bulle"?

Das gigantische Wettrennen, das größte Abenteuer in der Geschichte der Eisenbahn beginnt am 8. Januar 1863. Vom Westen her sind die Rocky Mountains (Felsengebirge), vom Osten her ist die Prärie zu überwinden. An jedem Punkt, den die Bautrupps erreichen, schießen neue Orte, neue Industrien aus dem Boden. Aber nicht die Natur ist der größte Feind dieses Unternehmens. Am 29. Juni 1865 leistet „Langsamer Bulle", der Häuptling der Sioux-Ogellalah-Indianer, einen feierlichen Eid: Beim großen Manitu will er den Bau der Bahn verhindern, da sie – wie er zu Recht annimmt – seine roten Brüder um ihre Jagdgründe bringt. Überfall reiht sich an Überfall, die Geschichte dieser Eisenbahn wird buchstäblich mit Blut geschrieben. Aber nicht nur die Indianer machen den Bauarbeitern das Leben schwer: Allerlei Gesindel, Verbrecher, Falschspieler, Revolverhelden und leichte Mädchen,

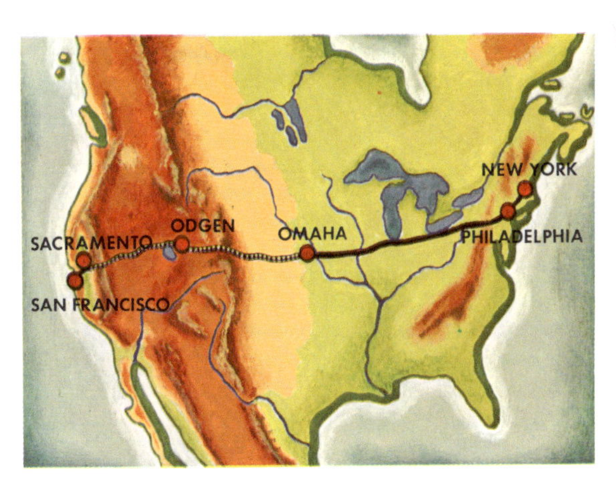

Die gepunktete Linie zeigt die neue Bahn

heften sich an ihre Spuren; es gibt Mord und Totschlag, Raub, Erpressung, Betrug. Die Colts sitzen locker, ein Menschenleben gilt nichts. Im Jahr 1867 werden auf dem Friedhof der Baustelle Julesberg 74 Männer begraben; nur drei von ihnen sind eines natürlichen Todes gestorben.

Dieser Kampf der Arbeiter und Ingenieure gegen die Natur und die Menschen ist der historische Hintergrund für ungezählte Wildwestfilme, die später gedreht werden. Für die Europäer sind diese Western nicht mehr als Produkte der Vergnügungsindustrie, für die Amerikaner jedoch sind sie historische Geschichten aus einer blutigen Vergangenheit.

Warum wurden in Odgen goldene Nägel eingeschlagen?

1866, drei Jahre nach Baubeginn, ist die Central Pacific erst 150 Kilometer in das Gebirge vorgedrungen, die Gesellschaft ist vom Konkurs bedroht. Allein der Bau des 400 m langen Summit-Tunnels dauert 18 Monate.
Dennoch: Beide Gesellschaften erreichen Odgen schon am 9. Mai 1869, sieben Jahre vor dem von der Regierung festgesetzten Termin. Am 10. Mai werden die letzten Schwellen verlegt. Gouverneur Stanford schlägt die beiden letzten Nägel ein – sie sind aus purem Gold. Die erste Bahnlinie von Küste zu Küste ist fertig, im ganzen Land finden Siegesfeiern statt.

Noch im gleichen Jahr wird der regelmäßige Zugverkehr aufgenommen. Die Fahrt dauert acht Tage und acht Nächte; sie kostet 197 Dollar zuzüglich 50 Dollar für die (sehr dürftige) Verpflegung und einen Schlafwagenplatz.

Wie lange dauerten die ersten Fahrten durch die USA?

Nun lohnt es sich, im Innern des Landes Getreide anzubauen, Vieh zu züchten und die vielen Bodenschätze zu heben. Die neue Bahn bringt alles sicher und schnell zu den Märkten an den Küsten. Ein Strom von landhungrigen Einwanderern ergießt sich in die bisher menschenleere Mitte des Kontinents. Überall entstehen neue Städte, werden neue Industrien aus dem Boden gestampft, das Bild Amerikas verändert sich fast über Nacht.

Bauarbeiter und Ingenieure feierten ein großes Fest, als Gouverneur Stanford am 10. Mai 1869 bei Odgen die letzte Schiene der amerikanischen Eisenbahn von Küste zu Küste mit einem goldenen Nagel befestigte

Zwischen diesen beiden E-Loks liegen nur 24 Jahre technischer Entwicklung: Die erste elektrische Bahn der Welt (links) wurde von Werner von Siemens gebaut und 1879 in Berlin erstmals vorgeführt. Auch die Weltrekord-Lok (rechts) wurde von Siemens gebaut. Sie erreichte 1903 210,2 km/st

Wie der Strom den Dampf verdrängte

Wer baute die erste elektrische Lokomotive?

Am Tag nach der Eröffnung der transkontinentalen Eisenbahn in den USA schrieb die „Chicago Daily News": „Damit hat die Dampflokomotive ihre führende Rolle in der Technik bestätigt. Niemand wird ihr diese Spitzenposition jemals streitig machen können."

Rund 100 Jahre später, am 30. September 1972, meldete die Bundesbahndirektion Hamburg: „Unser Gebiet ist dampffrei." Das heißt, auf dem Schienennetz in und um Hamburg herum fährt keine Dampflokomotive mehr, alle Wasserstellen und Kohlendepots sind verschwunden. Wie war es dazu gekommen?

Der Siegeszug der elektrischen Lokomotive begann im Jahr 1879. Und er begann unter dem Gelächter der Experten. In diesem Jahr führte der deutsche Ingenieur Werner Siemens auf der Berliner Gewerbeausstellung eine merkwürdige Lokomotive vor. Sie war knapp einen Meter hoch, der Lokomotivführer saß rittlings auf dem Maschinchen. Der Elektromotor wurde aus einer dritten, zum Gleispaar parallel laufenden Schiene mit Gleichstrom gespeist und erzeugte ganze drei PS.

Wann wurde die erste Oberleitung gebaut?

Diese Kraft wurde über ein Zahnradgetriebe auf vier Eisenräder übertragen und verlieh der Zugmaschine, an die drei kleine Personenwagen angehängt waren, eine Geschwindigkeit von sieben Kilometern pro Stunde. Mit diesem Züglein wurden auf der Ausstellung Besucher spazierengefahren.

Was sich anfangs als technische Spielerei ausnahm, entpuppte sich schnell als ernsthafte Konkurrenz für die Dampflokomotive. Zwei Jahre nach dieser Premiere wurde am 12. Mai 1881 auf der Strecke Berlin—Lichterfelde die erste elektrische Straßenbahnlinie der Welt in Betrieb genommen; der Triebwagen erhielt den Fahrstrom über eine dritte Schiene. Weitere zwei Jahre später, am 5. November 1883, wurde eine ähnliche Bahn auf den Straßen der englischen Stadt Portrush eröffnet. Nach einigen Jahren wurde die dritte Schiene abmontiert und ein „Fahrdraht", eine Oberleitung also, angebracht. Sie versorgte den Motor über den Stromabnehmer mit elektrischer Energie. Die Bahn in Portrush ist damit der Urahn aller elektrischen Lokomotiven, wie wir sie heute kennen.

Nun begannen viele Städte, ihre von

Pferden betriebenen Straßenbahnen auf elektrischen Betrieb umzustellen. 1890 wurde in London die erste elektrische U-Bahn eingeweiht. Eine Dampf-U-Bahn war schon 1863 in einem anderen Stadtteil in Betrieb genommen worden, der Dampf dieser Bahn wurde während der Untertage-Fahrt in gekühlte Kessel geleitet und kondensiert.

Wie schnell war 1903 die schnellste Lok?

Aber noch war das Mißtrauen gegen den Elektro-Antrieb nicht verschwunden. Als die schottische Stadt Glasgow sich 1896 ebenfalls eine U-Bahn zulegte, sträubte sich der weise Rat der Stadt noch gegen die Verwendung des Elektromotors. Die Züge wurden von Dampfwinden mit

Hamburger Straßenbahn aus dem Jahr 1895. Die erste Straßenbahn (1832 in New York) war eine Pferdebahn. Die erste elektrische Straßenbahn der Welt lief 1881 in Berlin-Lichterfelde

Seilen gezogen. (Erst 1935 gingen die Schotten auf E-Betrieb über.)
Die letzten Zweifler wurden schließlich im Jahr 1903 durch einen für damalige Zeiten geradezu sensationellen Rekord überzeugt: Auf der Strecke Zossen–Marienfelde bei Berlin erreichten zwei E-Loks die sagenhafte Geschwindigkeit von 210,3 Kilometer pro Stunde. Das war nicht nur ein Rekord auf Schienen, das war absoluter Rekord zu Lande, zu Wasser und in der Luft. Nie zuvor hatten sich Menschen mit diesem Tempo fortbewegt. Den Weltrekord auf Schienen hält heute die E-Lok des französischen Luxuszuges „Mistral" mit 331 km/h. Der „Mistral" ist einer der bekanntesten Züge der Welt und verkehrt auf der Strecke Paris—Nizza. Seine Fahrplangeschwindigkeit liegt allerdings „nur" bei etwa 160 km/h.

Warum haben E-Loks die Dampfloks verdrängt?

Im Lauf der Jahre hat die E-Lok ihre dampfende Konkurrenz weitgehend verdrängt. Das hat technische und wirtschaftliche Gründe. Die Dampflokomotive muß ihr gesamtes Kraftwerk einschließlich Wasser und Kohle mit sich herumschleppen; die E-Lok bekommt ihre Energie über Fahrdraht oder dritte Schiene nachgeschickt. Überall an den Strecken für Dampf-Loks muß es „Tankstellen" für Wasser und Kohle geben; „weiße Kohle", wie man den Strom nennt, wird zentral hergestellt, zu 18 Prozent in Wasserkraftwerken, zu 62 Prozent in Dampfkraftwerken und zu 20 Prozent in Umformerwerken, die ihrerseits die Energie dem normalen Stromnetz entnehmen. Die Dampflok muß, solange sie unterwegs ist, immer unter Dampf stehen, also auch bei längerem Halt; die E-Lok entnimmt Energie nur, wenn sie sie braucht. E-Loks sind stärker als Dampf-Loks, sie können schwerere Züge schneller ziehen, sie können schneller anfahren und schneller Steigungen überwinden. (Die stärkste E-Lok der Bundesbahn leistet 14 000 PS, das ist die doppelte Kraft einer startenden Boeing 707.) Dazu sind E-Motoren unempfindlicher, man kann sie risikolos eine Zeitlang überbeanspruchen. Dampfmaschinen können dabei explodieren. Experten schätzen, daß die Kosten der Bundesbahn für Fahrstrom bis zu einer Million DM pro Tag betragen.

Das ist der Star der Bundesbahn: Die E-Lok Typ 103 (oben), Spitze 200 km/st, 14 000 PS. Jede 103 kostet 3,5 Mill. DM. Bei Tempo 120 verbraucht sie ebensoviel Strom wie 14 400 Glühlampen zu je 100 Watt. — Ein Dieseltriebwagen der Baureihe 612 (unten) verläßt in Puttgarden (Ostsee) die Eisenbahnhochseefähre

Die meisten elektrischen Lokomotiven werden heute mit Wechselstrom betrieben. Der Strom wird im Kraftwerk mit 100 000 Volt erzeugt und mit etwa 1500 Volt in das Kraftnetz eingespeist. In der Lok wird er auf 600 Volt (für die Fahrmotoren) und 250 Volt für die Hilfsbetriebe (Licht usw.) heruntergespannt. Um den Kreislauf Kraftwerk—Lok—Kraftwerk zu schließen, wird der Strom über die Fahrschienen zum Kraftwerk zurückgeleitet. Moderne E-Loks haben Einzelachsantrieb, das heißt, jede Achse wird von einem eigenen Elektromotor angetrieben.

Wie kommt der Fahrstrom zur Lokomotive?

Aber die Anlage für die Stromversorgung ist teuer. Deshalb werden nur stark befahrene Hauptlinien elektrisch betrieben. Nebenlinien und Rangierverkehr fahren mit „Brennstofflokomotiven", das sind Lokomotiven mit Verbrennungsmotoren. Hier hat sich vor allem der Dieselmotor durchgesetzt. Der Otto-Motor wird bei Lokomotiven nicht verwendet. Bei deutschen Lokomotiven wird die Kraft vom Motor über Getriebe auf die Räder übertragen; bei ausländischen Loks werden die Dieselmotoren mit einem Gleichstromgenerator gekoppelt, der einen Elektromotor speist. Dieser treibt die Räder an.

Seit dem Ende des Zweiten Weltkriegs wurden mehr und mehr Linien auf E-Betrieb umgestellt, vor allem in Süddeutschland. Denn in Alpennähe gibt es die billigsten Energiequellen für den Fahrstrom – die Flüsse mit der Kraft ihres abwärts fließenden Wassers. Die Kraftwerke, die man an ihren Ufern baute, liefern besonders billigen Strom. Im Gebiet der deutschen Bundesbahn befanden sich Anfang 1974 2505 E-Loks und 2933 Diesel-Loks, aber nur noch 829 Dampflokomotiven in Betrieb. Und es wird nicht mehr lange dauern, dann sind auch die letzten „Feuerrösser" verschwunden. Mit einem zeitgenössischen Slogan gesagt: Opas Dampflokomotive ist tot.

„Alle reden vom Wetter — wir nicht", sagt die Bundesbahn in ihrer Werbung. Die Bahn ist im Gegensatz zu anderen Verkehrsmitteln vom Wetter fast vollständig unabhängig. Elektrisch betriebene Schneefräsen machen die Gleise auch bei dickster Schneedecke passierbar

Wie aus der Postkutsche ein D-Zug wurde

Wie sahen die ersten Coupé-Wagen aus?

Als die Lokomotive ihre ersten Schnaufer tat, kannte man in ganz Europa nur ein öffentliches Transportmittel: die mit Pferden bespannte Postkutsche. Also spannte man die Pferde aus, gab den Kutschen eiserne Räder mit Spurkränzen und hängte diese Wägelchen hinter eine Lokomotive. Allmählich entschlossen sich mehr und mehr mutige Leute, ihr Leben den Feuerrössern anzuvertrauen, und bald reichten die Postkutschen-Abteile nicht mehr aus. Nun baute man mehrere Postkutschenabteile hintereinander, Abteil an Abteil; so entstand der „Coupé-Wagen“. Er lief in England auf zweiachsigen, in Deutschland auf dreiachsigen, starr mit dem Wagenkörper verbundenen Fahrgestellen. Die Achsen hatten geringes Seitenspiel, um Kurven fahren zu können. Jedes Abteil war nur durch Türen an beiden Abteilseiten zu erreichen.

Sehr bald kamen Klassen auf, mit verschiedenem Komfort und verschiedenen Fahrpreisen. Es gab vier Klassen. In der 1. Klasse saßen drei Passagiere auf einer Bank, in der 2. vier, in der 3. fünf. Klasse 4 waren Stehplätze, teilweise hatten sie kein Dach.

Amerikanischer Personenwagen aus dem Jahr 1832. Das Wageninnere war 1. Klasse, die beiden balkonartigen Stehplätze waren 3. Klasse

Was bedeutet die Bezeichnung D-Zug?

Im Winter war es in den Zügen eisig kalt. Zwar bekamen die Damen und Herren in der 1. Klasse Wärmflaschen in das Abteil gebracht; die anderen Passagiere mußten frieren. Als die ersten Nachtzüge liefen, entstand das Beleuchtungsproblem. Auch bei seiner Lösung gab es wieder Klassenunterschiede: Die Abteile der 1. Klasse hatten Kerzenbeleuchtung, 2. und 3. Klasse Petroleumlampen – die Passagiere der 4. Klasse saßen im Dunkeln. Erst 1912, als die Preußische Staatsbahn den ersten Ganzstahlwagen der Welt bauen ließ, bekamen alle Fahrgäste das gleiche Licht – elektrische Glühbirnen.

Englischer Personenwagen 3. Klasse aus dem Jahr 1838. Es war nichts als ein offener Güterwagen mit Sitzen. 1844 beschloß das britische Parlament, daß auf jeder Strecke täglich mindestens ein überdachter Zug 3. Klasse fahren müsse

Offener Güterwagen, dahinter Selbstentlader

Schwersttransporter bis 400 t, läuft auf 32 Achsen

Gedeckter Güterwagen für Transport von Stückgut

Traggestellwagen für Wechselkästen und Container zum Transport mit Zug und LKW

Flachwagen zur Beförderung schwerer Lasten, hier glühende Werkstücke einer Gießerei

1870 wurden die ersten Waggons gebaut, wie wir sie heute in den D-Zügen kennen. Die Abteile wurden so verkleinert, daß seitlich ein separater Gang entstand. Nun fielen die Außentüren für jedes Abteil fort, man konnte vorn oder hinten einsteigen und jedes Abteil von innen erreichen. Diese Wagen hießen D(= Durchgangs-)-Wagen. Sie lagen auf zweiachsigen Drehgestellen, die Wagen waren miteinander durch Faltenbälge verbunden. Der erste Zug, der nur mit diesen D-Wagen ausgerüstet war, lief 1892 von Berlin nach Köln. Weil man in ihm während der Fahrt vom ersten bis zum letzten Wagen durchgehen konnte, nannte man ihn D-Zug. Und weil dieser Zugtyp nur auf Fernstrecken eingesetzt wurde, hat sich der Name „D-Zug“ für Fernzüge bis heute erhalten.

In der letzten Zeit setzt sich in Europa neben den Abteilwagen mehr und mehr der Großraumwagen durch. Das ist ein Waggon, in dem sich die Sitze – links vom Mittelgang je zwei und rechts je einer – in einem einzigen großen Abteil befinden.

Wie sahen die ersten Personenzüge in den USA aus?

In den USA ging man den umgekehrten Weg. Neben der Postkutsche war dort der Flußdampfer das gebräuchlichste Verkehrsmittel. Er hatte einen einzigen großen Aufenthaltsraum mit einem Mitteldurchgang und je einer Tür vorn und hinten. Entsprechend bauten die amerikanischen Eisenbahngesellschaften ihre Personenwagen. Deren Türen am Wagenanfang und -ende führten auf zwei offene Plattformen hinaus.

In den letzten Jahrzehnten ging man in den USA jedoch zunehmend von dieser Bauform ab. Heute baut man dort Personenwagen, wie man sie in Europa zu Beginn der Eisenbahnzeit gebaut hat, also mit vielen einzelnen Abteilen.

Die ersten Nachtzüge hatten noch keine Betten. Zwar baute die Cumberland Valley-Bahn in den USA 1830 versuchsweise Wagen mit Schlafkojen. Bettzeug und Waschschüsseln mußte der Passagier mitbringen. Aber wer konnte schon bei dem Krach und Gerüttel im Zug schlafen? Die Cumberland-Linie gab ihre Versuche nach ein paar Monaten wieder auf.

Wer baute die ersten Schlafwagen?

Der eigentliche Erfinder des Schlafwagens ist der Amerikaner George Mortimer Pullman. Er mußte seines Berufes wegen — er war Kunsttischler und Bauunternehmer — täglich eine längere Strecke mit der Eisenbahn fahren. Auf einer dieser Fahrten hatte er eine Idee: Er kaufte von geliehenem Geld zwei alte Postkutschen und baute sie zu einem Eisenbahnwagen mit zwei Schlafabteilen um. Die Tagessitze konnten in den Fußboden geklappt werden, aus der Decke wurden zwei Betten übereinander herausgeklappt. Zwischen den beiden Abteilen gab es ein Wasserklosett mit Waschgelegenheit. Das Ganze wurde besonders weich gefedert und mit Plüsch überzogen — fertig war der erste Pullman-Wagen der Welt, und George Mortimer Pullman war ein gemachter Mann. Denn nach diesem Patent entstanden nun überall in der Welt Schlafwagenabteile.

Der erste richtige Schlafwagen wurde 1859 in den USA gebaut. Er war tagsüber ein Großraumwagen, abends wurden die Sitze hinein- und die Betten herausgeklappt. Die einzelnen Schlafkojen wurden durch Vorhänge voneinander getrennt. So entstand ein fahrbares Schlafzimmer für 24 Menschen – Männer und Frauen durcheinander.

„Pullmans Pionier" — so hieß der erste in den USA gebaute Schlafwagen der Welt. In ihm konnten 24 Passagiere schlafen, ihre Kojen waren nur durch lose Stoffvorhänge voneinander getrennt

1876 wurde in Brüssel die Internationale Schlafwagen- und Touristik - Gesellschaft zum Betrieb von Schlaf- und Speisewagen gegründet. Sie ließ 1880 drei 3.-Klasse-Personenwagen in Speisewagen umbauen und setzte sie auf der Strecke Berlin—Bebra ein. Die Wagen besaßen keine eigene Küche, die Mahlzeiten wurden in Bahnhofsrestaurants vorgekocht und im Zug serviert. Heute verfügt die Gesellschaft über 802 Schlaf-, 107 Speise-, 20 Pullman- und 11 Packwagen.

Auf welcher Route fuhr der Orient-Expreß?

Drei Jahre später, am 5. Juni 1883, startete der Orient-Expreß zu seiner ersten Fahrt. Er bestand nur aus Schlaf- und Speisewagen und fuhr von Paris über Straßburg, Stuttgart, München, Wien, Budapest, Bukarest nach Konstantinopel. Dieser Zug war der erste große Expreß der Welt.

Um die Mitte des vorigen Jahrhunderts hatten auch die Kaiser und Könige Europas begonnen, sich für die Eisenbahn zu interessieren. Bis zum Ersten Weltkrieg (1914—1918) bestand Deutschland aus mehr als zwei Dutzend Staaten mit je einem König, Großherzog, Herzog oder Fürsten, und fast jeder von diesen hatte einen oder mehrere Salonwagen, die meist als „Hofzüge“ liefen.

Der phantastischste von allen war der Hofwagen des Königs von Hannover.

1.-Klasse-Großabteil im „Rheingold“ 1928. Dieser luxuriöse Expreß verkehrte zwischen Hoek van Holland und Basel und führte Schlaf- und Speisewagen mit. Fahrzeit für die ganze Strecke (818,9 Kilometer): 12 Stunden, 18 Minuten

1.-Klasse-Großraumabteil im „Rheingold“ heute. Dieser TEE verkehrt zwischen Hoek van Holland und Genf und führt Speise- und Aussichtswagen mit. Fahrzeit von Hoek van Holland bis Basel heute: acht Stunden, acht Minuten

Salonwagen aus dem Hofzug des Königs Ludwig II von Bayern. Der Wagen ist außen (oben) und innen (rechts) in Blau und Gold gehalten Heute steht er im Verkehrsmuseum in Nürnberg

In welchen Zügen gab es einen Thron?

Er wurde 1854 im Postkutschenstil gebaut und hatte in der Mitte einen Thronsaal mit richtigem Thron. Außen war er mit vielen Dekorationen geschmückt. Außer ihm hatte nur noch Papst Pius IX. einen richtigen Thron in seinem Hofzug.
Nicht weniger phantasievoll war der Zug des Bayernkönigs Ludwig II. Zwar hatte er es nicht einmal für nötig befunden, bei der Eröffnung der ersten deutschen Eisenbahn von Nürnberg nach Fürth persönlich zu erscheinen, weil er glaubte, die Zukunft des Verkehrs liege nicht auf den Schienen, sondern auf dem Wasser der Kanäle. Nun aber, 25 Jahre später, ließ er sich ein wahres Schloß auf Rädern bauen. Sein Extrazug war innen und außen reich in Hellblau und Gold gehalten; er hatte viel verschnörkelte Ornamente, Deckengemälde, heraldische Löwen, Putten und andere Verzierungen, und über allem saß auf dem Dach des Salonwagens eine riesige goldene Krone. Dieser Wagen steht heute im Verkehrsmuseum in Nürnberg.

Wie viele Wagen gehören zum Kanzlerzug?

Das deutsche Kaiserhaus hatte insgesamt 63 eigene Wagen. Ein Hofzug bestand meist aus neun Wagen: Gepäckwagen, Küchenwagen, Speisewagen, Wagen für das Herrengefolge, Salonwagen des Kaisers, (20 m lang, 58 t schwer), Salonwagen der Kaiserin, Wagen für Damengefolge, noch ein Wagen für Herrengefolge, Gepäckwagen. Und wenn Seine Majestät auch nur ein paar Kilometer fahren wollte, wurde der ganze Zug losgeschickt. Die heutigen Mächtigen sind weniger anspruchsvoll. Der Zug des deutschen Bundeskanzlers zum Beispiel besteht aus nur drei Wagen: Ein Wohnwagen, ein Arbeitswagen, beide natürlich mit allem Komfort ausgerüstet. In einem dritten Wagen sind modernste Funk-, Fernschreib- und Telefonanlagen installiert. Der ganze Zug ist ein hochmodernes Wohnbüro auf Rädern.

Nicht jede Eisenbahn

Um die Eisenbahn besonderen Anforderungen ode Gegebenheiten anzupassen, haben Ingenieure das Prinzip „Vier Antriebsräder auf zwei Schienen“ mannigfaltig variiert. In der oberen Reihe (von links): Lok der „Old Peppersass“, älteste Zahnradbahn der Welt Sie wurde 1869 gebaut und führt auf den Moun Washington (USA). – Zwei Jahre später wurde die Rigibahn in der Schweiz eröffnet. – 1863 wurde in London die erste U-Bahn der Welt feierlich eingeweiht. – Auf sechs Meter langen Beinen, die unten in Rädern endeten, rollte „Daddy Longleg“ (Pappi Langbein) bei Brighton (England) durch eine Nordseebucht Die Räder liefen auf Schienen und wurden elektrisch angetrieben. – 36 Jahre lang lief in Irland die 1888 gebaute Einschienenbahn (Mitte links). Die obere

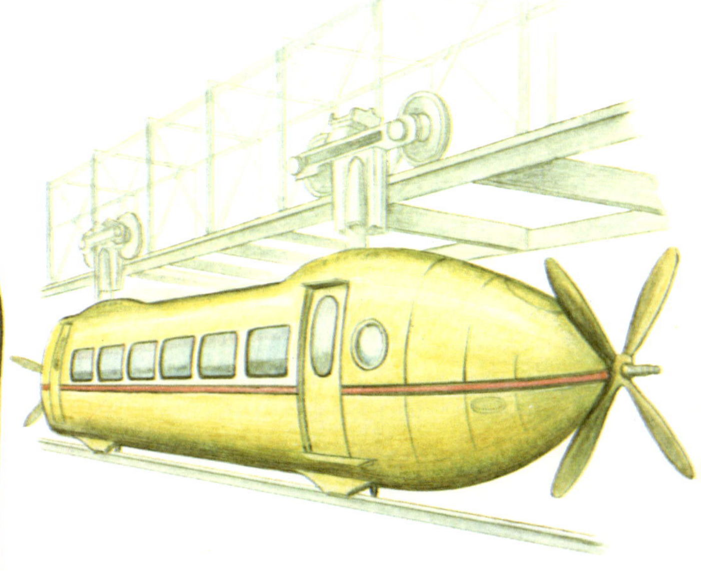

läuft auf 2 Schienen

Schiene diente dem Antrieb, die beiden unteren der Führung. – Um besonders große Höhenunterschiede zu überwinden, baut man im Gebirge seit Ende des vorigen Jahrhunderts Schwebebahnen (Mitte rechts), deren Kabinen von Seilen gezogen werden. – Unfallfrei fährt seit 1900 in Wuppertal eine Hängebahn (unten links), deren Lauf- und Triebräder auf einer Stahlschiene laufen. – 1930 wurde in Glasgow (Großbritannien) eine Hängebahn mit Propellerantrieb gebaut. Die untere Schiene dient der Laufruhe des Fahrzeugs. – Der für die deutsche Reichsbahn 1930 gebaute „Schienenzeppelin" erreichte bei Probefahrten 230 km/st. – In Dallas (USA) werden Luftreisende mit einer Einschienen-Hängebahn vom Flughafeneingang zum Abfertigungsschalter und umgekehrt gefahren.

Wie ein Zug sicher ans Ziel kommt

Warum ist die Eisenbahn das sicherste Verkehrsmittel?

Die Eisenbahn gilt als das sicherste und zuverlässigste Massentransportmittel der Welt. Das liegt einmal an den zahlreichen Sicherheitsgeräten und -bestimmungen, weiter daran, daß der Fahrplan bei der Eisenbahn genauer eingehalten werden kann als bei jedem anderen Verkehrsmittel, und schließlich kennt die spurgebundene Eisenbahn nur die geradlinige Bewegung in Richtung des Gleises. Autos und Schiffe dagegen können sich in zwei, Flugzeuge sogar in drei Dimensionen bewegen, was ihr Unfallrisiko beträchtlich erhöht.

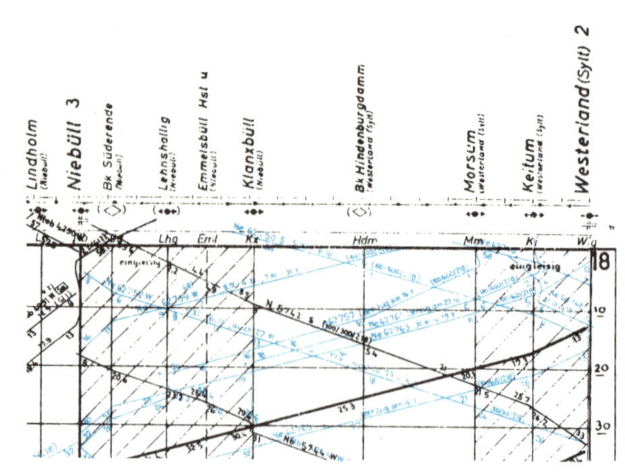

Bildfahrplan Niebüll—Westerland (Ausschnitt)

„Bekleidung gegen Eisenbahnunfälle" stand unter dieser Zeitungskarikatur aus dem Jahr 1847

Bei der Bundesbahn gibt es zwei Fahrpläne, den Sommer- und den Winterfahrplan. Der Winterfahrplan unterscheidet sich nur durch einige saisonbedingte Änderungen vom Sommerfahrplan, der praktisch der Plan für das ganze Jahr ist. Der gedruckte Plan, das Kursbuch, besteht aus 1250 Seiten mit rund 12 Millionen Ziffern und Zeichen. Die Arbeit an dem Sommerfahrplan beginnt schon über ein Jahr vorher, also im Frühling des Vorjahres. Auf internationalen Fahrplankonferenzen werden die Daten für den großen, internationalen Eisenbahnverkehr festgelegt. Auf weiteren Konferenzen mit Vertretern von Industrie, Handel, Fremdenverkehr und anderen interessierten Verbänden folgen die Daten der regionalen Züge. Etwa ein Vierteljahr vor Inkrafttreten des neuen Fahrplanes ist die Arbeit getan, das Kursbuch geht in Druck.

Wie wird ein Fahrplan errechnet?

Abfahrts- und Ankunftszeiten der einzelnen Züge werden mit dem „Bildfahrplan" errechnet. Das ist ein langer Papierstreifen mit einem Koordinatennetz aus Weg und Zeit. Jeder Zug wird auf diesem Bildfahrplan als lange, schräge Linie dargestellt. So läßt sich ablesen, wann er wo ist, wo er einen Aufenthalt hat, wo er auf Gegen- oder Anschlußzüge warten muß usw. Zuvor wurde mit einem Spezialgerät berechnet, wie lange jeder Zug unter den gegebenen Verhältnissen — Wegstrecke, Geschwindigkeit, Stärke der Lokomotive, Gewicht der angehängten Wagen, ungewöhnliche Belastungen, wie z. B. Steigungen — für die Fahrt von einem Bahnhof zum nächsten braucht.

Noch wichtiger als die Pünktlichkeit ist im Schienenverkehr die Sicherheit. In den Kindertagen der Eisenbahn gab es dieses Problem noch nicht. Auf vielen Strecken verkehrte nur ein einziger Zug, Zusammenstöße waren ausgeschlossen. Das einzige Problem der ersten Eisenbahner war lediglich, jeden Zug rechtzeitig vor den Bahnhöfen abbremsen zu können. In den ersten europäischen Personen- und Güterzügen hatte jeder zweite oder dritte Wagen ein Bremserhäuschen, in dem ein Beamter saß. Die Bremsen wurden von Hand bedient, das heißt, der Bremser drehte eine Kurbel, wodurch der Bremsschuh sich an die Lauffläche des Rades preßte. Wenn ein Unglück im hinteren Zugteil passierte, nutzte diese Bremsvorrichtung wenig: Der Lok-Führer merkte nichts und dampfte mit voller Kraft weiter.

Wer erfand die Luftdruckbremse?

Noch schlimmer war es bei den ersten Zügen in den USA: Dort saß der Bremser neben dem Lokführer auf der Lok. Eventuelle Zwischenfälle nahmen beide meist gar nicht wahr. Merkten sie doch etwas, mußte der Bremser über die Wagendächer bis zu dem verunglückten Wagen klettern und die Bremsen bedienen. Bis 1881 wurden in den USA rund 30 000 Bremser im Dienst schwer oder gar tödlich verletzt.

Augenzeuge eines solchen Unfalls war eines Tages der amerikanische Fabrikant George Westinghouse. Er überlegte, wie man Abhilfe schaffen könnte. Zufällig las er einige Tage später in der Zeitung, daß beim Bau eines Tunnels erstmals Preßluftbohrer verwendet worden waren. Preßluft, überlegte er, warum sollte man nicht auch mit Preßluft bremsen können?

Drei Jahre später, 1868, fuhr der erste Zug mit der Westinghouse-Preßluftbremse. Diese Bremse war eine der wenigen Erfindungen, die von Anfang an vollen Erfolg hatte. In Deutschland wurde sie später von Knorr übernommen und verbessert. Die Knorr-Bremse befindet sich heute fast unverändert an allen Zügen und Lastkraftwagen.

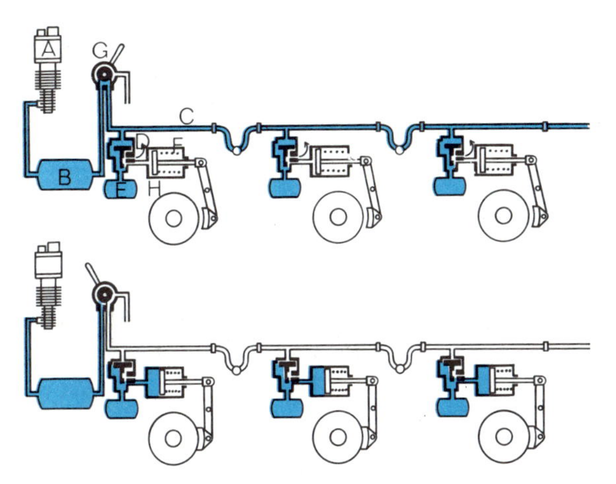

Schnitt durch eine Luftdruckbremse: In „Lösestellung" (obere Zeichnung) drückt die Luftpumpe (A) über den Hauptluftbehälter (B) komprimierte Luft in die Hauptluftleitung (C). Der Kolben im Steuerventil (D) steht so, daß die Preßluft aus den Hilfsbehältern (E) nicht in die Bremszylinder (F) treten kann. Stellt der Lokführer das Bremsventil (G) auf „Bremsen" (untere Zeichnung), entweicht die Preßluft aus der Hauptluftleitung. Der Kolben im Steuerventil geht nach oben, die Preßluft aus dem Hilfsdruckbehälter drückt auf den Bremskolben (H) — der Zug wird gebremst

Wie funktionieren die Bremsen?

Eine mit Dampf betriebene Luftpumpe an der Lok pumpt fünf Atmosphären Druck in den „Hauptluftbehälter". Über die Hauptluftleitung gelangt die Preßluft in die Hilfsluftbehälter an jedem Wagen. Wenn gebremst werden soll, läßt der Lokführer einen Teil der Preßluft durch ein Ventil aus dem Hauptluftbehälter entweichen

Wie ein modernes Verkehrsflugzeug, das über die Luftsicherung ständig Kontakt mit den Bodenstationen hat, wird auch ein D-Zug von Stellwerk zu Stellwerk weitergegeben. Oben ein Schnellzug mit einer 103 in voller Fahrt, links ein modernes Drucktastenstellwerk

— es zischt. Der Luftdruck in der Leitung sinkt, Steuerventile sperren automatisch die Preßluftzufuhr zu den Hilfsluftbehältern, deren Druckluft entweicht in die Bremszylinder, die Bremsklötze werden auf die Radreifen gedrückt, der Zug wird gebremst. Bei Geschwindigkeiten von maximal 100 km/h beträgt der Bremsweg normaler Züge bis zu 1000 m. Züge mit höheren Geschwindigkeiten haben zusätzlich Magnetbremsen, deren elektrisch erregte Magnete sich auf die Schienen pressen. Zum Weiterfahren geht der Lokführer mit einem Hebel auf „Füllstellung". Der Hauptzylinder bekommt wieder fünf Atmosphären Druck, auch die Leitung füllt sich wieder auf, die Steuerventile gehen in die alte Stellung zurück, die Bremsklötze geben die Radreifen frei, der Zug kann weiterfahren.

In jedem Abteil befindet sich außerdem eine „Notbremse", das ist ein Griff, der von den Passagieren im Notfall gezogen werden kann. Die Notbremse ist durch Leitungen mit dem Bremssystem verbunden und löst durch den Handgriff die gleichen Vorrichtungen aus; die Bremsung erfolgt ohne sanftes Anbremsen ruckartig.

Als das Verkehrsnetz dichter und die Züge schneller wurden, entstand ein weiteres Sicherheitsproblem: Kein Zug durfte dem anderen zu nahe kommen. Um das zu verhindern, wurden die Strecken in „Abschnitte" eingeteilt, die jeweils von nur einem Zug befahren werden dürfen. Am Beginn jedes Abschnittes steht ein Signal, das dem Lokführer anzeigt, ob der Abschnitt frei ist und der Zug einfahren darf. Heute sorgen komplizierte Kontrollinstrumente dafür, daß die Signalstellung und der Streckenzustand auch wirklich übereinstimmen. Auf Bahnhöfen mit ihrem Gewirr von Schienen und Weichen kontrollieren diese Vorrichtungen außerdem, ob alle Weichen richtig gestellt sind.

Wie wird eine Strecke eingeteilt?

Anfangs wurden Signale und Weichen an Ort und Stelle von Hand gestellt, später kamen Stellwerke auf, in denen Signale und Weichen zentral gestellt wurden. Die Verbindung vom Stellwerk zu den Signalen und Weichen wurde von Seilzügen besorgt. Bei der Bundesbahn gibt es heute noch etwa 6100 solcher mechanischer Stellwerke.
Seit der Jahrhundertwende werden sie mehr und mehr durch sog. „Gleisbildstellwerke" abgelöst: an die Stelle der mühsamen mechanischen Stellhebel tritt die elektrische Drucktaste. Heute gibt es rund 1100 elektrische Stellwerke. Das letzte mechanische Stellwerk soll bis 1984 verschwunden sein.

Viele dieser Stellwerke werden elektronisch gesteuert sein, das heißt, sie empfangen ihre Befehle nicht mehr von Menschenhand, sondern von einem Computer. Er überwacht auch, ob die einzelnen Abschnitte freigegeben werden können. Diese Überwachung — sie ist heute schon auf einigen Stellwerken in Betrieb — erfolgt auf zwei Arten: 1. Jeder Abschnitt stellt einen in sich geschlossenen Stromkreis dar. Der Strom läuft von der linken Schiene über eine Strombrücke (Relais) am Abschnittsende durch die rechte Schiene zur Stromquelle zurück.

Wie kontrollieren Computer die Strecke?

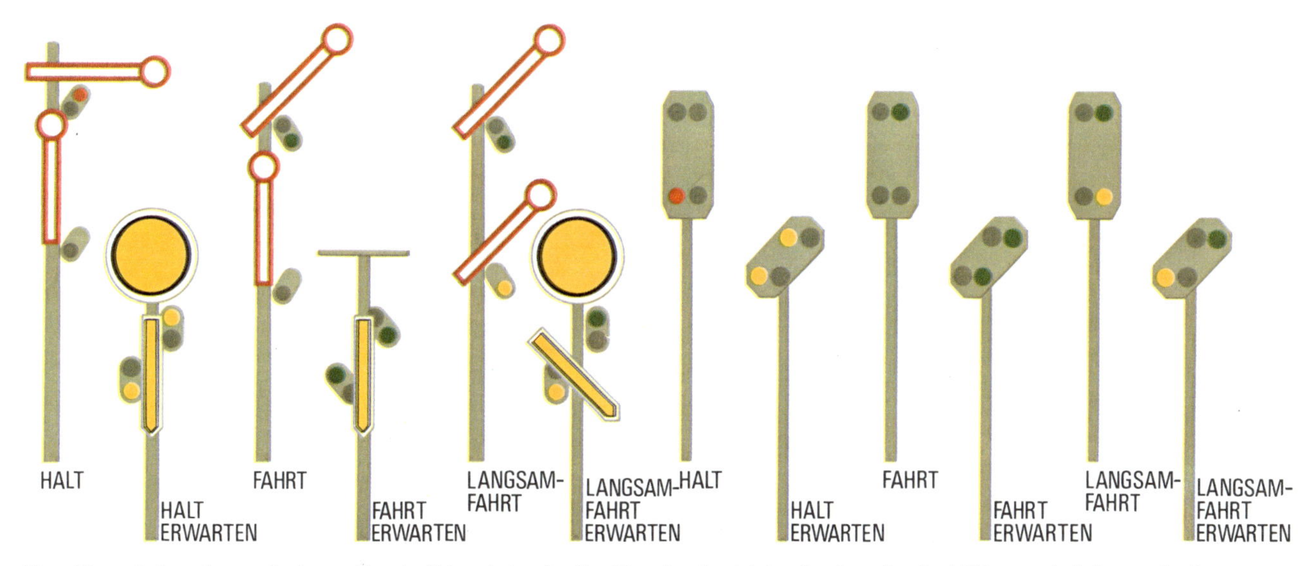

Das Hauptsignal vor jedem Abschnitt zeigt, ob die Strecke frei ist, ob also der Lokführer einfahren darf. Das Vorsignal, 1000 bis 1300 m vor dem Hauptsignal, kündigt an, welches Signalbild das zugehörige Hauptsignal zeigt. Die früher gebräuchlichen Formsignale (linke Bildhälfte) werden mehr und mehr von Lichtsignalen (rechte Hälfte) ersetzt. Rechts neben den Hauptsignalen die entsprechenden Vorsignale

Wenn ein Zug in den Abschnitt einfährt, wird der Stromkreis verkürzt, weil nun die Zugachsen eine Strombrücke bilden. Das Stellwerk registriert diese Verkürzung, und das Signal vor dem Abschnitt geht auf „Halt". 2. Am Anfang und am Ende jedes Abschnittes registrieren Zählwerke, wieviel Achsen in den Abschnitt einfahren und wieviel ihn verlassen. Solange die Zählwerke eine Differenz feststellen, ist die Strecke nicht frei — das Signal bleibt auf „Halt". All diese Vorgänge werden auf dem „Gleisbildtisch" mit Lichtzeichen optisch dargestellt. Der Fahrdienstleiter kann sich also jederzeit vom Streckenzustand überzeugen.

Führerstand einer modernen E-Lok: Neben der linken Hand des Lokführers der Totmannknopf, die drei Knöpfe in Höhe der Handkurbel gehören zu Indusi wachsam. Der rechteckige Tachometer (unter dem Scheibenwischer) gibt die Soll- und die Ist-Geschwindigkeit des Zuges an. Mit dem Fahrschalter, der wie ein Steuerrad aussieht, bestimmt der Lokführer die Geschwindigkeit des Zuges. Die beiden schwarzen Hebel an der Seitenwand rechts vom Lokführer sind die Bremsen

Was macht die kybernetische Insel?

Die modernste Anlage der Bundesbahn ist die „kybernetische Insel" in Hannover. Auf einem Teilstück zwischen Hannover und Bremen sowie auf der Strecke Hannover—Minden werden die Züge nicht mehr von Menschen, sondern von den Rechenanlagen der kybernetischen Insel ferngesteuert. Die Insel empfängt fortwährend alle Daten von der Strecke und errechnet die entsprechenden Befehle, die sie sofort auf Weichen, Signale usw. überträgt.
Signale sollen dem Lokführer bestimmte Informationen vermitteln oder ihn zu bestimmten Reaktionen veranlassen. Es ist aber denkbar, daß der Beamte nicht reagieren kann. Nehmen wir ein Beispiel: Ein TEE (Trans-Europa-Expreß) jagt mit 160 km/h über die Strecke. Er passiert 1000 m vor dem Hauptsignal das Vorsignal, das auf „Halt erwarten" steht. Der folgende Abschnitt ist nicht frei, der Lokführer muß den Zug

Auf großen Rangierbahnhöfen werden Güterzüge vor dem „Ablaufberg" (Foto) auseinandergerissen und neu „sortiert"; d. h., der Schwerkraft folgend rollt jeder einzelne Wagen über viele Weichen auf das Gleis, auf dem ein neuer Güterzug mit entsprechendem Bestimmungsbahnhof zusammengestellt wird

also innerhalb der nächsten 1000 m zum Stillstand bringen.
Zum Zeichen, daß er das Signal richtig erkannt hat, muß er nun einen Hebel mit einem auffallend dicken Knopf betätigen. Dabei ertönt eine Hupe, eine gelbe Lampe leuchtet auf. Dann muß der Lokführer bremsen. Was geschieht aber, wenn er ohnmächtig geworden ist? Oder aus anderen Gründen nicht auf das Signal „Bremsen“ reagieren kann?

Was tun „Indusi wachsam“ und der „Totmannknopf“?

Der Hebel mit dem dicken Knopf gehört zu einer Anlage mit dem Namen „Indusi wachsam“ („Indusi“ heißt „induktive Sicherungsanlage“).
Wenn der Lokführer nicht abbremst, veranlaßt Indusi vier Sekunden nach Vorbeifahrt am Signal eine vollautomatische Zwangsbremsung. Aber Indusi ist mißtrauisch: Auch wenn der Zugführer bremst, kontrolliert Indusi nach 20 Sekunden das Tempo. Liegt es noch über 95, bremst Indusi sofort. Rund 200 m vor dem Hauptsignal wird der Zug noch einmal kontrolliert: Läuft er über 65, tritt ebenfalls eine vollautomatische Zwangsbremsung ein. Bisher sind rund 18 000 Kilometer des Bundesbahnnetzes und 7000 Loks und Triebwagen mit „Indusi“ ausgerüstet.
Indusi wachsam hat eine noch mißtrauischere Schwester: die SIFA (Sicherheitsfahrschaltung), auch „Totmannknopf“ genannt. Solange die Lok in Bewegung ist, also vom ersten Augenblick der Fahrt an, muß der Lokführer eine Taste oder einen Fußschalter heruntertreten, mindestens alle 30 Sekunden jedoch einmal kurz loslassen. Geschieht das nicht, wird die SIFA also entweder dauernd oder überhaupt nicht mehr gedrückt — der Lokführer könnte ja bewußtlos über oder neben der SIFA zusammengebrochen sein —, so „fühlt“ sie Gefahr und läßt eine laute Hupe ertönen. Geschieht daraufhin noch immer nichts, erfolgt eine Zwangsbremsung. Zugleich stellt die SIFA alle Motoren ab. Das tut sie auch, wenn Indusi eine Zwangsbremsung veranlaßt.

Wie werden Gleise kontrolliert?

Nicht nur Signale und Weichen werden laufend überwacht, die Bundesbahn läßt auch die Schienen regelmäßig kontrollieren. Ein spezieller Meßwagenzug ist in Minden stationiert. Er fährt jährlich 26 000 Kilometer Gleis ab und stellt etwaige Schäden fest. Die Gleise werden unterwegs laufend mit 30 000 Ultraschallimpulsen pro Minute abgehorcht, das Echo wird etwa eine fünfzigmillionstel Sekunde später auf einem Film verzeichnet. Fachleute können darauf Fehler und Mängel am Material feststellen. Außerdem werden die Strecken von Bauarbeitern, den sogenannten „Streckenläufern“, kontrolliert, Hauptstrecken dreimal pro Woche.

Mit 500 Ultraschallimpulsen pro Sekunde prüft dieser Meßzug die Gleise auf etwaige Materialfehler

Wie die Eisenbahn von morgen fährt

Auf Europas Eisenbahnlinien wird es bald eine Revolution geben, von der die Passagiere nichts merken werden: Buchstäblich innerhalb weniger Stunden werden überall in Europa, von Nordschweden bis nach Sizilien, alle Wagen-Kupplungen ausgetauscht; die Kupplungen von Hand werden durch automatische Mittelpuffer-Kupplungen ersetzt. Warum?

Wie viele Wagen werden täglich gekuppelt?

Allein bei der Deutschen Bundesbahn werden noch heute täglich etwa 800 000 Kupplungsvorgänge von Hand vorgenommen, das heißt, Wagen an Wagen gekuppelt. Dabei werden zunächst die Kupplungen der beiden Wagen miteinander verbunden, dann die Bremsschläuche und dann die Stromleitungen. 800 000mal — das ist eine tägliche

Japans Hokaido-Expreß, mit 250 km Reisegeschwindigkeit der schnellste Zug der Welt. Im Hintergrund Japans Wahrzeichen, der Fujiyama

Arbeitsleistung von rund 13 300 Stunden. Künftig werden die Wagen nur noch sanft aneinander geschoben — und die Kupplung schnappt ein.
Diese Umrüstung muß von allen Ländern gleichzeitig durchgeführt werden. Der europäische Eisenbahnverkehr ist so verflochten, daß sich jeder deutsche Wagen an die Wagen aller anderen europäischen Linien ankuppeln lassen können muß.

Diese Umrüstung ist typisch für den Eisenbahnverkehr von morgen: Automation ist Trumpf. Denn hohe Geschwindigkeiten sind nur möglich, wenn fast alles automatisch geschieht. Dreiviertel aller Eisenbahnunfälle sind auf menschliches Versagen zurückzuführen; das Nervensystem und damit das Reaktionsvermögen des Menschen ist hohen Geschwindigkeiten nicht ausreichend gewachsen.

Wie schnell ist die Eisenbahn von morgen?

Das Tempo der Eisenbahnen von morgen wird wesentlich höher sein als das Tempo von heute. Dazu braucht man neue Schienenwege. Ein Teil der schon vorhandenen Strecken wird zu Schnellstrecken ausgebaut werden. Die Bundesbahn macht bereits erfolgreich Versuche mit einem Oberbau (so nennt man den Teil des Bahnkörpers, auf dem die Schienen aufliegen), bei dem der Schotter durch eine Mischung aus Zement und extrem leichtem Kunststoff

Alte Kupplung: eine Minute Handarbeit

Neue Kupplung: rastet von selbst ein

ersetzt wird. Dieser Belag hat sich schon beim Autobahnbau bewährt. Millimeterdicke Gummiplatten zwischen Gleis und Schiene garantieren eine erschütterungsfreie Fahrt.
Außerdem wird man künftig Super-Schnellstrecken bauen, auf denen Züge mit neuartigen Antriebssystemen Geschwindigkeiten bis zu 500 km/h erreichen sollen. Auf diesen Strecken wird alles automatisch gehen; auf dem Führerstand der Lok und in den Stellwerken werden Menschen nur noch Beobachterposten einnehmen.

Warum werden die Super-Loks keine Räder haben?

Für diese Schnellstrecken braucht man neue Zugmaschinen. Die Lokomotiven alter Bauweise — seien es nun Dampf-, Diesel- oder E-Loks — können maximal 340 km/h laufen. Bei höheren Geschwindigkeiten ist die Bodenhaftung der Räder zu gering, sie würden durchdrehen.
Die Loks und Wagen auf den Schnell-Strecken werden also keine Räder mehr haben und nicht auf einem Schienenpaar laufen. Sie werden den Erdboden nicht mehr berühren und über eine Leitschiene dahinschweben. Dabei sind zwei Systeme in der Erprobung: die Luftkissen- und die Magnetbahn.
Bei Orléans (Frankreich) fährt bereits ein Versuchszug auf Luftkissen. Die 16 Kilometer lange Betonbahn ruht auf Pfeilern, die wie ein umgekehrtes V aussehen; der Bahnkörper ist 3,90 m breit, in seiner Mitte ragt eine 90 cm hohe Betonschiene empor. Der Zug „reitet" auf Luftkissen, die mit Gebläsen zu beiden Seiten dieser Mittelschiene erzeugt werden. Dieser „Aérotrain" (Luft-Zug) wird wie ein Düsenflugzeug von einer Gasturbine angetrieben. Er hat bereits 300 km/h erreicht, höhere Geschwindigkeiten sind möglich. Der Aérotrain soll in wenigen Jahren zwischen Paris und Orléans verkehren. Ähnliche Versuche werden in England durchgeführt.

Welche Kraft treibt einen Magnetzug an?

In der Elektrizität stoßen sich bekanntlich gleichnamige Pole ab, ungleichnamige ziehen sich an. Auf dieser Tatsache basiert der „Magnetzug", der bei München erprobt wird. Versuchsstrecke und Versuchszug sind mit starken Elektromagneten ausgerüstet. Links und rechts vom Zugkörper (siehe

Unter zwei Magnetfeldern hängend und einer vor ihm hereilenden Magnetwelle folgend — so soll dieser Zug der Zukunft Geschwindigkeiten bis 500 km/st erreichen. Bei München wird mit einem 7½ m langen und 7 t schweren Modell experimentiert

Zeichnung rechts oben) laufen Zugmagneten unter dem Streckenmagneten entlang. Nordpol und Südpol stehen sich gegenüber. Die Anziehungskraft des Zugmagneten wird, von Computern gesteuert, immer so groß gehalten, daß sie das Eigengewicht des Zuges ausgleicht. Der Zug „hängt" also an den Streckenmagneten, ohne sie zu berühren. Soll er anfahren, werden Antriebsmagnete vor ihm eingeschaltet: Von keiner Reibung behindert, wird der Zug angezogen, er fährt. Hat er die eingeschalteten Antriebsmagneten erreicht, werden diese ab- und die Magneten davor eingeschaltet. So fährt der Zug einer vor ihm hereilenden Magnetwelle nach – je stärker das Feld, desto schneller. Magnetzüge können Geschwindigkeiten bis zu 500 km/st erreichen.

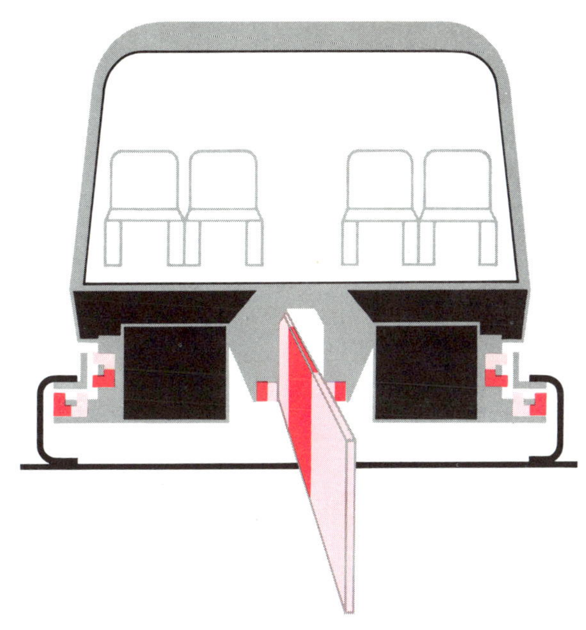

Magnetfelder (blau) tragen und ziehen den Zug

Welchem Antrieb gehört die Zukunft?

Diese Züge werden zweifellos kommen. Aber sie werden die heutigen Antriebsarten nicht völlig verdrängen. Luftkissen und Magnetzüge arbeiten nur auf bestimmten Streckenlängen wirtschaftlich — man schätzt, daß diese Länge zwischen 150 und 600 km liegt. Für Entfernungen unter 150 km, also im Nahverkehr, werden weiterhin E- und Diesel-Loks verkehren, Entfernungen über 600 km wird man den Flugzeugen überlassen.

Aber auch Gasturbine, Diesel- und Elektromotor werden wahrscheinlich eines Tages verschwinden. In den USA und in der Sowjetunion arbeiten Wissenschaftler an Atommotoren, die so klein sind, daß sie in Lokomotiven eingebaut werden können. Ihre Uran-Stäbe heizen Wasser auf, der hochgespannte Dampf betreibt eine Dampfturbine, deren Kraft auf die Antriebsräder übertragen wird. Dier Atommotor kann selbstverständlich auch elektrischen Strom erzeugen, der die Lok eines Magnet- oder Luftkissen-Zuges antreiben kann. Die Zukunft der Eisenbahn liegt also in der Atomkraft.

Eine der schönsten Eisenbahnbrücken der Welt ist die Brücke über den Fehmarnsund. Im Verlauf der Vogelfluglinie verbindet sie das westdeutsche Festland mit der Ostseeinsel Fehmarn

Am längsten, am höchsten, am teuersten

Die **längste Eisenbahnstrecke** der Welt ist der Trans-Sibirien-Expreß. Er führt von Tscheljabinsk am Ural (UdSSR) nach Wladiwostok am Pazifik. Länge 7416 km, Bauzeit 25 Jahre. Die **längste schnurgerade** Strecke befindet sich in Australien zwischen Adelaide und Perth. In der Nullarbor-Wüste (Kein-Baum-Wüste) gibt es auf 518 km keine Kurve, keine Brücke, keine Unterführung, keine Straße, keinen Fluß, kein Haus, keinen Menschen – nur Sand.
Die **höchste Eisenbahnlinie** der Welt wurde in Bolivien gebaut, Gipfelhöhe 4880 m; die **tiefste** führt in Israel am See Genezareth vorbei, 209 m unter dem Meeresspiegel. Die **älteste Bergbahn** der Welt – sie führt auf den Mount Washington (1918 m) in den USA – wurde 1869 eröffnet (siehe Lokomotive Old Peppersass auf S. 36).
Die **steilste Bergbahn** ist die Pilatusbahn bei Luzern (Schweiz); ihre Steigung beträgt bis zu 26 Grad, d. h., der Zug steigt auf 100 m Fahrstrecke um 48 m. Die **längste stützenlose Seilbahn** führt auf den Mount San Jacinto in den USA. Sie überwindet einen Höhenunterschied von 4115 m.
Die **längste Eisenbahnbrücke** führt bei Cernavoda (Rumänien) über die Donau; ihre Länge: 3850 m. Fünfmal so lang ist der **längste Eisenbahnviadukt;** er führt 19 km lang über den Großen Salzsee im US-Bundesstaat Utah. Der **längste Eisenbahntunnel** ist mit 21 760 m der Huntington-Tunnel in Kalifornien, USA.
Die **größte Lokomotive** der Welt ist eine Lok aus den USA. Sie ist 42 m lang, ihre 16 Elektromotoren erzeugen 6000 PS. **Die kostbarste Lok** gehört zu einem insgesamt einen Meter langen Zug, der – früher Eigentum der Zarenfamilie – heute im Kreml zu besichtigen ist. Die Lok ist aus Platin, die beiden Wagen aus Gold und Brillanten.
Der Welt **größter Bahnhof** ist der Grand Central Terminal in New York; er hat auf zwei Ebenen 67 Gleise. Der **höchstgelegene Bahnhof** gehört zu dem peruanischen Städtchen Galera; er liegt 4780 m hoch. Den **längsten Bahnsteig** der Welt gibt es bei der Chicagoer Untergrundbahn; er ist 1067 m lang. Und der **größte Wartesaal** wurde 1959 in Peking eröffnet – er faßt 14 000 Personen.
Die **längste Bahnsteigkarte** der Welt schließlich kann man am Schalter eines kleinen Städtchens in Wales (England) kaufen. Sie ist 15 Zentimeter lang. Grund: Auf der Karte ist der vollständige Name des Ortes aufgedruckt. Er heißt: Llanfairpwllgwyngyllgogerychwynrndrobwllantysiliogogogoch.

WAS IST WAS
PILZE
FARNE UND MOOSE
BAND 33
Neuer Tessloff Verlag

WAS IST WAS
WÜSTEN
BAND 34
Neuer Tessloff Verlag

WAS IST WAS
ERFINDUNGEN
die unsere Welt veränderten
BAND 35
Neuer Tessloff Verlag

WAS IST WAS
Die
POLARGEBIE
BAND 36
Neuer Tessloff Verlag

WAS IST WAS
Fische
BAND 41
Neuer Tessloff Verlag

WAS IST WAS
Indianer
BAND 42
Neuer Tessloff Verlag

WAS IST WAS
Schmetterlinge
BAND 43
Neuer Tessloff Verlag

WAS IST WAS
Das Alte
Testamen
BAND 44
Neuer Tessloff Verlag

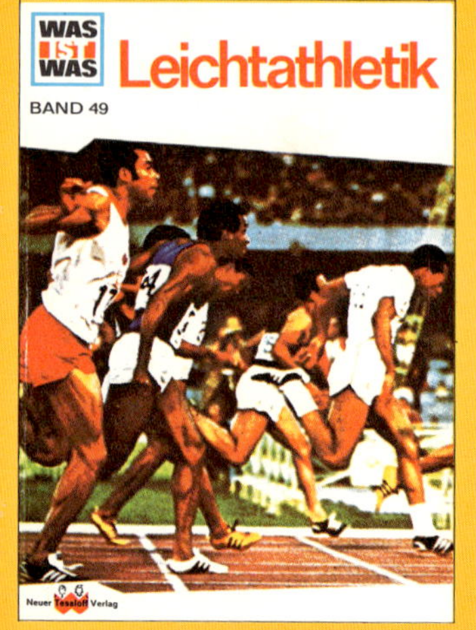
WAS IST WAS
Leichtathletik
BAND 49
Neuer Tessloff Verlag

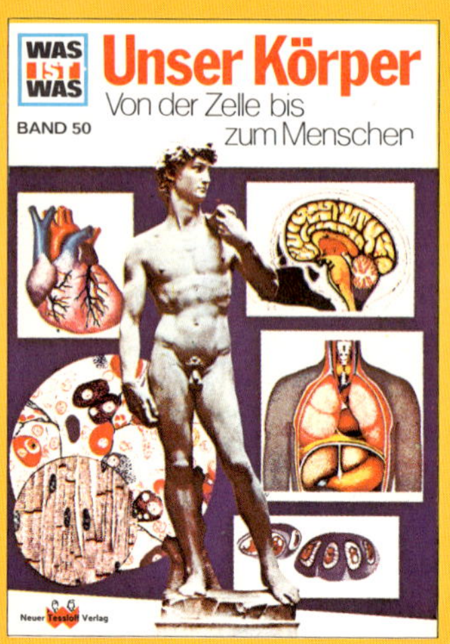
WAS IST WAS
Unser Körper
Von der Zelle bis
zum Menschen
BAND 50
Neuer Tessloff Verlag

WAS IST WAS
Muscheln
und Schnecken
BAND 51
Neuer Tessloff Verlag

WAS IST WAS
Briefmarke
BAND 52
Neuer Tessloff Verlag

WAS IST WAS
Vulkane
BAND 57

Neuer Tessloff Verlag

WAS IST WAS
Die
Wikinger
BAND 58
Neuer Tessloff Verlag

WAS IST WAS
Katzen
BAND 59
Neuer Tessloff Verlag

WAS IST WAS
Die
Kreuzzüg
BAND 60
Neuer Tessloff Verlag